Les Éditions du Boréal
4447, rue Saint-Denis
Montréal (Québec) H2J 2L2
www.editionsboreal.qc.ca

Une voix
pour la Terre

Karel Mayrand

Une voix pour la Terre

Comment je me suis engagé pour notre planète

Boréal

Les opinions exprimées dans ce livre sont celles de l'auteur
et ne représentent pas les positions de la Fondation David Suzuki
ou de Réalité Climatique Canada.

© Les Éditions du Boréal 2012
Dépôt légal : 2ᵉ trimestre 2012
Bibliothèque et Archives nationales du Québec

Diffusion au Canada : Dimedia
Diffusion et distribution en Europe : Volumen

*Catalogage avant publication de Bibliothèque et Archives nationales du Québec
et Bibliothèque et Archives Canada*

Mayrand, Karel

Une voix pour la Terre : comment je me suis engagé pour notre planète

Comprend des réf. bibliogr.

ISBN 978-2-7646-2177-6

1. Écologistes (Défenseurs de l'environnement) – Biographies. 2. Écologisme.
3. Environnement – Protection. 4. Développement durable. 5. Mayrand, Karel. I. Titre.

GE55.M39   2012   333.72092'2   C2012-940369-5

ISBN PAPIER 978-2-7646-2177-6

ISBN PDF 978-2-7646-3177-5

ISBN ePUB 978-2-7646-4177-4

*À Pierre Marc Johnson, qui m'a ouvert
toutes les portes.*

*À David Suzuki, qui a ouvert
toutes grandes mes fenêtres.*

*À mes amis et collègues, innombrables,
qui sont chaque jour la voix
des prochaines générations.*

*Vivre, c'est transformer en conscience
une expérience aussi large que possible.*

ANDRÉ MALRAUX

De Berlin à Rio : la fin du monde tel que nous le connaissons

Aujourd'hui, je n'ai pas composté, j'ai conduit une voiture et j'ai mangé de la viande. Ma famille produit une quantité effarante de déchets, et ma consommation d'énergie est nettement trop élevée. Je ne mange pas bio, et mon café n'est pas toujours équitable. Je ne porte pas de vêtements recyclés et je ne me promène pas avec un thermos en inox qui pend de mon sac à dos. Je suis un écologiste atypique. Ces clichés ne me décrivent pas.

Contrairement à la plupart de mes collègues que j'admire et qui m'inspirent par leur engagement personnel, je ne mène pas une vie exemplaire. Je ne peux faire la leçon à personne. Au quotidien, je fais face aux mêmes hésitations et difficultés que mes voisins. Comme la majorité des Occidentaux, je vis dans un cycle de surconsommation dont j'essaie de sortir. La consommation est la nicotine du XXIe siècle.

Bien sûr, mon engagement écologiste se répercute sur mes valeurs et mes comportements. Je possède encore une voiture, mais je l'utilise de moins en moins. Je vis en ville et j'utilise les transports en commun. J'ai beaucoup diminué ma consommation de viande rouge et j'ai éliminé l'eau embouteillée de ma vie. J'ai adopté les sacs réutilisables pour faire mes courses. Je consomme de moins en moins. Encore trop.

Je suis né en 1972, l'année où s'est tenue la Conférence de Stockholm des Nations Unies sur l'environnement et le développement. Outre cette coïncidence, rien ne me prédestinait à m'engager pour la cause écologiste.

J'ai grandi à Rimouski, dans l'est du Québec, dans une rue d'où nous avions une vue magnifique sur le Saint-Laurent. À cet endroit, on distingue à peine la rive nord qui se trouve à une cinquantaine de kilomètres. Le fleuve est magnifique. Il continue de nous habiter, même après que nous avons quitté la région.

Mon enfance est remplie de randonnées le long du fleuve et d'escalades sur les falaises qui le bornent. Parmi nos jeux préférés : s'approcher le plus près possible des oies des neiges avant qu'elles s'envolent en une nuée blanche, au grand dam des chasseurs, ou encore marcher sur le fleuve à marée basse en essayant sans trop de succès de ne pas abîmer nos chaussures. Nous aimions aussi beaucoup lancer des cailloux sur les trains qui passaient près du fleuve. La gloire à celui qui atteindrait la « caboose ».

En été, la nature était accessible à quelques minutes de vélo. Des sentiers magnifiques suivaient les rives de la rivière Rimouski. Nous avions baptisé une clairière près de la rivière le « paradis ». À neuf ans, dans une famille athée, c'était ce qui se rapprochait le plus de la notion que j'avais de l'Éden. C'était un lieu tout simplement parfait.

J'adorais par-dessus tout grimper aux arbres. Là-haut, je pouvais voir tout le quartier, observer les oiseaux ou simplement me préparer à la prochaine invasion extraterrestre. Sur les sentiers du littoral à Rimouski, une de nos cabanes faites avec des clous provenant du chemin de fer du CN est encore là après trente ans. Pas de quoi se vanter pour un écologiste.

Nous partions en randonnées pour des heures et revenions invariablement assoiffés et affamés, rêvant d'un verre de jus de raisin. Comme je n'ai pas eu la chance de camper ou de visiter des parcs naturels avec mes parents, mon rapport avec la nature s'est défini au cours de ces journées passées en expéditions le long du fleuve ou de la rivière Rimouski.

Durant mon enfance, la nature était toujours à proximité bien que j'aie toujours vécu en ville. Malheureusement, ce n'est plus le cas de la majorité des enfants aujourd'hui. Étrangement, la nature était absente de mon éducation. Nous apprenions à l'école que la nature consistait en des ressources naturelles exploitables. On m'a enseigné la fierté pour l'Homme de maîtriser les forces de la nature. La nature était une force à dominer.

Bien qu'omniprésente autour de moi, la nature était absente de mon univers. Je ne pouvais identifier les arbres, les fleurs et les oiseaux que je rencontrais. Les mots *écosystème* et *biodiversité* ont été absents de mon éducation. Je ne comprenais pas les processus naturels autrement que dans leur relation avec l'Homme. Mon rapport avec la nature était très semblable à celui de notre économie : ce qui n'avait pas d'utilité immédiate pour l'Homme n'avait aucune valeur. Comme beaucoup d'autres, on m'a inculqué cette notion perverse qu'exploiter la nature et ses ressources signifiait la *mettre en valeur*. La nature n'avait pas de valeur en elle-même. Encore aujourd'hui, un arbre coupé a plus de valeur qu'une forêt vivante.

J'ai grandi dans la peur de la catastrophe nucléaire. On m'a appris que les deux superpuissances pouvaient en appuyant sur un simple bouton rouge détruire plusieurs fois la planète. L'idée qu'une telle chose puisse se produire par erreur me hantait. À tout moment le monde pouvait être anéanti, en quelques minutes. Que nous puissions faire disparaître notre planète plusieurs fois avec notre arsenal nucléaire me paraissait d'une inconcevable absurdité. D'ailleurs, le concept stratégique qui décrivait cet équilibre de la terreur se nommait « destruction mutuelle assurée », ou MAD (« folie ») selon l'acronyme anglais. Comment expliquer à un enfant de dix ans que des adultes pourraient tout détruire pour résoudre un conflit ? Je comprenais déjà que nous avions la responsabilité de protéger notre planète contre nous-mêmes. Il n'est pas étonnant qu'une partie importante du mouvement écologiste soit née du mouvement antinucléaire.

Je suis entré à l'Université McGill en 1991 en sciences politiques, me concentrant sur l'Europe de l'Est, l'Union soviétique et la stratégie nucléaire. Je suis sorti de l'Université Laval en 1996 avec une maîtrise en relations internationales spécialisée en développement durable. Comment expliquer ce revirement ? Deux événements fondamentaux ont changé mon univers : la chute du mur de Berlin et le sommet de Rio.

« *It's the end of the world as we know it (and I feel fine)* », chantait le groupe américain REM en 1987. Alors que nous dansions sur cette musique, peu d'entre nous pouvaient mesurer la valeur prophétique de cette chanson. Au cours des cinq années suivantes, la chute du mur de Berlin, la disparition de l'Union soviétique, le sommet de Rio, l'avènement d'Internet et la notion de mondialisation allaient révolutionner notre monde. Et c'est dans ces années charnières que s'est défini mon engagement et celui de plusieurs autres individus de ma génération.

Tout a commencé un jour de novembre 1989.

« Les voyages privés vers l'étranger peuvent être autorisés sans présentation de justificatifs[1]. » C'est en ces termes laconiques que Günter Schabowski, membre du bureau politique du Parti communiste est-allemand a annoncé la chute du mur de Berlin, le 9 novembre 1989. J'avais dix-sept ans à l'époque. La chute du mur est probablement l'événement qui a été le plus déterminant dans mon cheminement professionnel.

Par-delà les conséquences géopolitiques extraordinaires de la chute du bloc de l'Est, cet événement a profondément marqué ma génération. En quelques années, une pensée nouvelle s'est imposée, celle du développement durable. Après une polarisation de près d'un demi-siècle entre les idéologies libérale et marxiste, le vide laissé par la seconde a permis l'émergence d'une pensée alternative qui intégrait à la fois des considérations de justice sociale et des considérations écologistes. Désormais, le moteur de l'histoire ne serait plus la lutte des classes, mais le rapport

---

1. Hans-Hermann Hertle et Katrin Elsner, *Mein 9. November*, Berlin, Nicolai, 1999.

de notre espèce avec son environnement. Notre propre lutte pour la préservation de notre espèce.

Quelques années plus tard, en 1992, le sommet de Rio a marqué l'imagination d'une génération de militants en devenir. Ce sommet, le plus grand jamais organisé, a formulé un projet de société global, Action 21, qui permettait d'envisager un autre monde, la seule solution de rechange à la mondialisation débridée qui allait caractériser les années 1990[2]. Après un demi-siècle d'emprisonnement dans l'étau idéologique de la guerre froide se dessinait enfin une voie dans laquelle nous pouvions nous reconnaître.

Quelque part au début des années 1990, le monde tel que nous le connaissions a basculé. La menace d'une destruction instantanée de notre planète a fait place à une préoccupation quant à la destruction graduelle de nos systèmes naturels, représentant une sorte de supplice de la goutte d'eau pour l'ensemble de l'humanité. Si nous ne nous inquiétons plus aujourd'hui de la possibilité de voir notre planète disparaître à la suite d'une seule conflagration nucléaire, nous savons que notre niveau de consommation actuelle requerrait les ressources de plusieurs planètes Terre. Nouvelles menaces, mêmes absurdités. Mais un défi encore plus grand : celui de nous réinventer.

Car cette fois il s'agit non pas de décrisper les relations entre deux superpuissances, mais de redéfinir nos rap-

---

2. Action 21, Plan d'action du Sommet des Nations-Unies sur l'Environnement et le Développement, Rio de Janeiro, 1992. A/CONF.151/26/Rev.1

ports avec notre écosystème. De redéfinir notre mode de développement économique et social. De la même manière que nous avons dû maîtriser l'arme nucléaire, nous devons maîtriser notre industrialisation, les effets de nos technologies ainsi que ceux de notre croissance démographique et de notre consommation débridées.

Une lente révolution est en cours. Le manifeste en a été écrit à Rio. Et le monde dans lequel vivront nos enfants ne ressemblera en rien à celui dans lequel nous sommes nés. Pour le meilleur, si nous réussissons, ou pour le pire, si nous échouons. J'ai fait le pari de m'engager dans cette révolution non seulement parce qu'elle est nécessaire, mais aussi parce qu'elle est juste.

Alors que plusieurs s'engagent pour la cause environnementale dans un prolongement de leur militantisme personnel, j'ai fait le chemin inverse. Je me suis engagé intellectuellement pour la cause du développement durable et suis devenu un militant par une lente prise de conscience. Ce livre est le récit de cette prise de conscience, dont la seule issue pouvait être l'engagement.

Dans *La Peste*, Albert Camus, par la bouche de Tarrou, affirme que devant un cataclysme qui affecte l'humanité entière on doit faire le choix de s'engager. Il s'agit d'un choix humain fondamental. N'étant pas lui-même médecin, il s'engagera comme bénévole auprès du docteur Rieux et organisera des formations sanitaires volontaires pour lutter contre la peste. Face au fléau, Tarrou choisit l'engagement citoyen. Devant la destruction systématique des systèmes naturels qui assurent la vie sur terre, j'ai fait ce choix. Celui de défendre la nature et notre espèce par la raison.

Je suis un écologiste imparfait, mais qui a choisi son camp.

Je ne saurais préciser avec certitude le moment où j'ai pris la décision de m'engager pour la cause écologiste. Au cours des vingt dernières années, plusieurs rencontres et expériences marquantes ont défini mon engagement. Mes recherches, notamment pour plusieurs gouvernements et organismes des Nations Unies, ont fait le reste.

Ce livre est celui de mon engagement. Il met en scène les événements, les prises de conscience et les rencontres marquantes qui l'ont défini. Il met en scène les personnes qui m'ont donné les clés de mon propre engagement. De Laure Waridel à David Suzuki en passant par Pierre Marc Johnson, Oscar Arias, Wangari Maathaï, Sheila Watt-Cloutier et Al Gore, il relate mes rencontres avec trois femmes et quatre hommes, dont trois Prix Nobel de la paix, de générations différentes, issus du monde développé comme du monde en voie de développement. Chaque chapitre est le fruit d'une rencontre avec l'un d'entre eux. Le livre en son entier est le fruit de ma rencontre avec moi-même. Avec l'humanité. Avec la Terre.

Les personnes qui m'accompagnent dans ce livre partagent une force d'indignation qui les a menées à l'engagement. Elles partagent également la capacité d'inspirer, d'élever les consciences. Leur voix nous renvoie le reflet de notre humanité commune et de notre volonté enfouie de poursuivre des idéaux universels de paix et de justice. Elle éveille aussi notre indignation devant la destruction implacable de ce miracle qu'est la vie sur terre. Leur voix agit comme un miroir qui révèle ce qu'il y a de meilleur en chacun de nous, un miroir qui nous pousse parfois à passer de la simple prise de conscience à l'engagement.

C'est exactement ce qui s'est produit pour moi. Chacune de ces rencontres s'est déroulée à un moment charnière de ma vie, contribuant à éveiller ma conscience, à nourrir mon indignation, à approfondir ma réflexion. Si j'ai fait le choix de prendre la parole librement et de m'engager pour notre planète, c'est parce que les personnes rencontrées ont contribué à libérer ma voix. Ayant eux-mêmes conquis cette liberté, ils ont su me donner confiance en ma propre voix. Comme pour des millions d'autres personnes qu'ils ont inspirées, mon engagement est le fruit de leurs efforts. Ils l'ont mis au monde.

Ce livre est une voix de plus pour la Terre. La mienne. Je souhaite qu'il en incite d'autres à faire le saut de la conscience à l'engagement et à venir grossir les rangs de ceux qui ont fait le choix de défendre notre planète et l'avenir de l'humanité. Parce que chaque voix qui s'ajoute porte en elle la promesse de milliers d'autres.

1

Laure Waridel :
le nouvel engagement citoyen

Automne 1993. Sur le campus de l'Université McGill, les modes vestimentaires, les courants musicaux, les idées politiques et les mouvements de toutes sortes s'entrecroisent pour former un bouillon de culture d'une grande diversité. Les campus universitaires sont des formidables laboratoires où naissent et meurent les idées et les conceptions du monde. Ce choc des idées fait des campus un champ de bataille idéologique permanent.

Sur fond de musique grunge, les groupes de gauche et de droite se suivent les uns les autres et chaque jour de la semaine apporte son défilé de militants. Les militants de gauche arborent soit des *dreads* et des t-shirts de Bob Marley lorsqu'ils se portent à la défense de l'Afrique, soit des ponchos et des affiches de Che Guevara pour dénoncer l'occupation yankee de l'Amérique latine. Les militants de la droite néolibérale sont plus difficiles à reconnaître. Bien habillés. Souvent de familles plus aisées et résolument carriéristes. Ils laissent leur marque dans les séminaires et les salles de cours, remettant constamment en question le rôle de l'État. Ils sont discrets mais efficaces.

Le mouvement de la rectitude politique est aussi très présent et mène à une épuration linguistique qui appauvrit les débats en les faisant porter sur les mots plutôt que sur les idées. Par exemple, les groupes de défense des droits des femmes imposent l'élimination de la référence au genre dans la langue anglaise utilisée à l'université. Je me souviens d'une jeune étudiante qui a protesté vivement en classe lorsque le professeur a eu le malheur d'utiliser le mot *lady*, désormais interdit. La rectitude politique javellise les discussions sur les campus nord-américains alors que l'université devrait être le refuge de la liberté de pensée, dont la liberté de langage est un des fondements.

J'observe de loin ce brouhaha d'idées et de débats, à la fois parce que je sens que la superficialité l'emporte souvent sur le sens et parce que les biais idéologiques des uns comme des autres empêchent la tenue d'un vrai dialogue. Surtout, ma pensée en est encore à se définir, et mes convictions ne me poussent pas encore à l'engagement. Je me sens comme dans une foire, visitant les stands sans jamais m'y arrêter. Je signe à l'occasion une pétition ou j'achète de temps à autre un samosa pour soutenir l'association sri-lankaise, plus par gourmandise que par solidarité.

Bien que j'éprouve des sympathies idéologiques pour les enjeux de justice sociale, de droits humains et de développement international qui sont portés par ces groupes, je ne me reconnais pas dans leur culture militante radicale et leurs tactiques d'action directe. Je n'ai tout simplement pas le profil type du militant qui harangue la foule à grands coups de slogans dénonçant l'impérialisme américain et l'oppression des peuples. D'autres que moi ont un profil psychologique convenant plus à ce type d'action. Je me campe donc dans le rôle confortable du figurant, de spectateur, ce qui ne m'empêche pas à l'occasion de clouer le bec aux idéologues néolibéraux dans des séminaires. En fait les idéologues de tout acabit me sont insupportables.

Étant néanmoins séduit par l'idée de transformer notre monde, je fréquente en dilettante les cercles militants écologistes, plus par intérêt que par conviction, cherchant à trouver un groupe de personnes auquel je pourrais m'identifier. J'éprouve à cette époque un vif désir d'engagement, mais je ne parviens pas à trouver une cause ou une forme d'engagement qui me convienne. Avec le recul, je crois aussi que je doutais à l'époque de la possibilité même de changer le monde par l'engagement personnel. Pour convaincre les autres, je dois d'abord me convaincre moi-même et je n'y arrive tout simplement pas. La première barrière à franchir est celle que nous érigeons nous-mêmes.

Une amie m'invite à prendre part à une rencontre d'un groupe d'étudiants de l'Université McGill qui milite pour le développement international et l'environnement. La rencontre a lieu rue McTavish, dans un vieux pavillon de l'université érigé dans les années 1930 qui évoque les pires constructions staliniennes. À mon arrivée dans le local exigu et sans fenêtres que l'université a mis à notre disposition, cinq personnes sont déjà présentes. Je remarque tout de suite une jeune femme pétillante aux cheveux bruns, aux yeux vifs et rieurs, qui porte un pull rayé et un foulard orangé. Elle m'apparaît instantanément comme le centre de la conversation et très certainement la leader du groupe. Cette personne, c'est Laure Waridel.

Ce qui me frappe immédiatement chez elle, c'est le ton de son discours, le timbre de sa voix et son accent irrésistible. Au sein du groupe, Laure parle posément, avec douceur, conviction et enthousiasme. Ses propos roulent non pas sur l'indignation et la dénonciation, mais plutôt sur la solidarité, la générosité et le respect. Laure convainc non pas en criant mais en tendant la main. Elle est l'antithèse des militants que je côtoie chaque jour. Elle incarne une autre voie, une autre voix. Une chose est claire : elle exerce un magnétisme évident sur les personnes présentes, y compris sur moi-même.

Cette rencontre avec Laure est pour moi une révélation : une autre forme de militantisme est donc possible. Pour la première fois, je ne me sens pas étranger dans un groupe militant. Je peux m'y engager sans risquer de tomber dans des ornières idéologiques et sans revêtir le poncho du militant radical. Nous ne luttons pas contre des intérêts opposés aux nôtres, nous défendons plutôt un projet de société fondé sur des valeurs de respect, d'équité, de solidarité et d'humanisme. Le groupe est porté par l'idéalisme et l'optimisme, évidemment aussi par une certaine naïveté, mais je l'accepte parce qu'elle est rafraîchissante. J'éprouve le besoin de croire à un monde plus juste et plus humain. Ce groupe m'en offre l'occasion. Il est mon premier contact avec le mouvement écologiste et l'engagement citoyen.

Laure incarne pour moi le nouveau visage de l'engagement citoyen qui a caractérisé le mouvement écologiste à partir des années 1990. Après des décennies de luttes

courageuses menées par des *eco-warriors* de la première
heure, le début des années 1990 voit émerger un leadership nouveau dans ce mouvement, un leadership qui
appartient d'ailleurs à une nouvelle génération pour
laquelle l'engagement citoyen prend une nouvelle forme.
Désormais, les luttes concerneront non seulement des
projets qui détruisent notre environnement, mais aussi
l'élaboration d'un nouveau projet de société.

Ce projet de société prend diverses formes : de l'alter-
mondialisme au développement durable en passant par
le commerce équitable et l'achat local, un nouveau discours apparaît, porté par de nouvelles solidarités locales
ou internationales. Penser globalement, agir localement.
Acheter c'est voter. Changer le monde un geste à la fois.
Laure incarne cette nouvelle philosophie d'action. Résolument positive, idéaliste, mais ancrée dans une action
pragmatique, sans compromis.

On a souvent qualifié d'individualistes ma génération,
la génération X, ainsi que les suivantes. J'ai toujours pensé
que ce qualificatif était injuste. Les générations X et Y ont
dû construire leur engagement social dans un contexte
totalement différent de celui de la génération précédente.
Leur engagement collectif ne pouvait reposer sur un poids
démographique écrasant ; les institutions collectives,
mouvement syndical comme État, étaient en net recul, et
la domination du modèle néolibéral rendait tout projet
collectif hors de portée, qu'on ait vingt, quarante ou
soixante ans.

Le néolibéralisme est apparu à une époque où la génération du baby-boom passait le cap de la trentaine, et il
faut se rendre à l'évidence que cette évolution démogra-

phique n'est pas étrangère à ce changement de cap historique. Le virage vers le libéralisme et l'individualisme
opéré par la plupart des pays occidentaux au début des
années 1980 a profondément marqué ma génération.
J'avais sept ans quand Margaret Thatcher a été élue. Huit
pour Reagan. Nous avons grandi dans ce monde. Nous ne
l'avons pas créé. C'est lui qui nous a façonnés.

Pour ceux qui, comme moi, sont nés dans les
années 1970, les souvenirs de la petite enfance tranchent
nettement avec ceux de l'adolescence. Au milieu des
années 1980, Wall Street déloge Mai 68 comme modèle.
La coccinelle de Volkswagen est une relique : place à la
dernière BMW. Michael Jackson déloge Dylan. Joan Baez
fait place à Madonna qui chante *Material Girl* au grand
dam des féministes de la première heure. Alors que se
forge notre identité, les séries phares *Dallas* et *Dynastie*
montrent avec ostentation sur nos écrans de télévision la
richesse les pétrodollars. La vie en commune est rempla-
cée par le *cocooning*, c'est-à-dire le repli sur son propre
foyer. Pour moi comme pour beaucoup d'autres, l'Amérique de Ronald Reagan laissera une trace indélébile.

On aurait tort cependant de croire que les générations
post-baby-boom ont rompu avec les précédentes. On
aurait tort parce que cette rupture a été voulue et opérée
par des personnes nées avant 1960. Avec le recul, on voit
maintenant que les élans collectifs de Mai 68 et des années
qui ont suivi appartenaient à une époque, à un contexte
économique, démographique et social unique dans l'histoire. Ces élans se sont plus ou moins brisés à la fin des
trente glorieuses (1945-1975), les trente années de
richesse qui ont suivi la Seconde Guerre mondiale et au

cours desquelles se sont construits les États-providence. Bien que les idéaux portés par ces mouvements aient été sincères, ils n'ont pas résisté à l'essoufflement d'un système économique fatigué et aux assauts nourris de la mondialisation naissante et des marchés financiers. C'est ainsi que, malgré les luttes sociales, les acquis sociaux et les institutions collectives que nous nous étions données se sont peu à peu effrités.

Compte tenu de la vitesse et de l'amplitude du changement de cap opéré à l'aube des années 1980, on peut dire que la génération du baby-boom est probablement moins solidaire qu'on ne l'a cru. On peut à l'opposé affirmer que la génération X et les suivantes le sont fort probablement plus qu'elles ne paraissent. Du moins si l'on évite le piège facile qui consiste à comparer une personne qui a dix-huit ans en 1968 avec une personne qui a dix-huit ans en 1990 ou en 2000. Les époques sont différentes, leurs impératifs également.

Il faut également faire l'effort de comprendre ce qui distingue les générations post-Reagan.

Réglons d'abord la question de l'individualisme. Dans ma génération, la notion de liberté individuelle, et donc d'individu, est fondamentale. Il s'agit en fait d'un héritage important légué par la génération précédente : liberté sexuelle, libération de la femme, libre choix d'avoir ou non une famille, liberté quant à l'orientation sexuelle, liberté d'expression quasi totale, liberté inégalée dans les déplacements, l'apprentissage des langues, le dépassement des cultures. Pour ceux d'entre nous qui ont grandi au Québec, affranchissement total à l'égard de la religion et éclatement de la famille traditionnelle. La liberté, donc, au sens le plus large, pour le meilleur comme pour le pire. Et son noyau dur, l'individu.

Car le corollaire de toute cette liberté est que l'individu peut maintenant se forger une identité et faire des choix qui définiront sa vie. En faisant disparaître ce qui qui enfermait l'individu dans des moules collectifs traditionnels comme la famille, la classe sociale, l'ethnicité, la religion ou la communauté immédiate, on libère la notion même d'individu. Et chaque personne doit désormais construire son identité propre avec des matériaux qui varient maintenant de manière exponentielle.

Une génération s'est battue pour gagner cette liberté. Ma génération s'est, quant à elle, battue pour se façonner une identité et retisser des liens de solidarité sur une terre brûlée. « *No future* », chantaient les punks des années 1980. En fait, trop de possibles et trop peu de repères, de modèles dans un monde en profonde mutation. Des individus libres mais sans boussole pour l'avenir.

Et c'est ici que s'opère un renversement fondamental. Alors que, dans les générations précédentes, l'identité individuelle découlait de l'adhésion aux institutions, aux identités et aux valeurs collectives, cette relation est maintenant inversée : l'engagement envers le groupe est aujourd'hui le produit de l'identité individuelle. Les solidarités ne sont plus prédéfinies, mais librement consenties par les individus. Le groupe ne définit plus mon identité. C'est mon identité qui définit mon appartenance au groupe.

S'il y a rupture entre deux générations, elle se trouve dans ce renversement et non dans l'opposition entre la notion d'individualisme et celle de collectivisme. Car les générations post-Reagan ont réinstauré des solidarités autour de réseaux d'amitiés, de familles renouvelées, d'adhésion à des causes variées et surtout de rapports d'affinité multiples issus d'une identité plus complexe que par le passé. Les solidarités sont aujourd'hui diversifiées, éclatées et elles dépassent largement les frontières, portées par les nouveaux moyens de communication et la conviction de plus en plus profonde et assumée que nous partageons une seule et même maison, la Terre.

Les générations de l'après-Reagan sont individualistes, soit. Mais elles sont aussi libres, solidaires et engagées. Après trente ans de néolibéralisme et de néoconservatisme à toutes les sauces, elles ont réussi à créer un nouveau tissu social planétaire au moyen d'autres types d'engagement, d'autres formes d'institutions, notamment les organismes non gouvernementaux (ONG). Comme d'autres avant eux, elles ont dû prendre des chemins parallèles pour se tailler une place, pour proposer une nouvelle vision du monde avec ses petites et grandes révolutions.

Au moment de notre rencontre en 1993, Laure est la leader du chapitre de l'Université McGill d'un groupe nommé ASEED (Action for Solidarity, Equity, Environment, and Diversity), qui allait par la suite devenir Équiterre. L'objectif du groupe à cette époque est de convaincre les Montréalais de la nécessité de faire cesser les vols d'essai d'avions de chasse CF-18 à basse altitude au Labrador. Ces vols plus bruyants que le tonnerre terrorisent les populations autochtones de la région et mettent leur santé en péril. Pour la majorité de nos concitoyens, le problème est lointain, voir inexistant.

C'est alors que Laure propose de créer de courtes

pièces de théâtre dans le métro pour attirer l'attention des gens, mais aussi pour rendre l'expérience à la fois instructive et ludique. Ce projet recueille aussitôt l'appui enthousiaste des autres membres du groupe. Je m'y rallie également, mais ma conviction est assez chancelante. Je ne crois pas suffisamment au projet pour m'y investir entièrement. Je nous vois tenter d'accrocher l'attention de passagers du métro qui ont mille et un soucis en tête et qui n'ont certainement pas le temps d'assister à des pièces de théâtre minute. Je nous imagine criant nos textes dans l'indifférence générale.

En fait, ce projet met en relief une différence fondamentale entre Laure et moi : elle est engagée et croit fermement que nous pouvons changer le monde à force de conviction. Quant à moi, je suis incapable de m'en convaincre. La tête suit, mais le cœur n'y est pas. L'engagement de Laure finit par me mettre en face de mon manque de conviction. Avec ces pièces de théâtre, Laure a décidé d'entrer sur la scène et d'obliger le monde à lui prêter attention. Je demeure paralysé par le doute, un spectateur qui rêve de trouver en soi la flamme de l'engagement. C'est pourquoi je vais graduellement m'éloigner du groupe. Laure m'a offert mon premier rendez-vous avec l'engagement. Ce sera un rendez-vous manqué.

Comme plusieurs autres projets, ces pièces de théâtre ne virent jamais le jour. Peut-être parce que le projet était trop ambitieux ou que l'intérêt des membres du groupe a fini par s'émousser. Mais on retrouve dans ce projet plusieurs éléments qui caractérisent les stratégies de communication des groupes écologistes depuis une vingtaine d'années. L'éducation populaire est le pilier central de tout le mouvement. Le problème fondamental demeure le même : briser le mur de l'indifférence.

Le projet de pièce de théâtre fait long feu, mais cependant l'engagement de Laure ne faiblit pas, et à la suite de la rencontre de gens tels que Steven Guilbeault et Sidney Ribaux, elle fonde Équiterre dont elle sera longtemps le porte-parole. Fondé en 1993, Équiterre a pour but de « contribuer à bâtir un mouvement de société en incitant citoyens, organisations et gouvernements à faire des choix écologiques, équitables et solidaires[1] ». Encore aujourd'hui, l'empreinte de Laure et des autres cofondateurs d'Équiterre est manifeste dans cette mission. Bien que je regrette de ne pas être resté dans le groupe pour travailler à mettre sur pied cette organisation à leurs côtés, je m'estime tout de même chanceux, après ce rendez-vous manqué, d'œuvrer aujourd'hui avec eux dans le mouvement écologiste.

La contribution d'Équiterre au mouvement écologiste depuis près de vingt ans a été majeure, notamment en ce qui a trait au soutien à l'agriculture locale, au commerce équitable et à la sensibilisation des citoyens au développement durable. La grande force d'Équiterre a été de proposer aux citoyens une vision positive du développement durable, de conjuguer l'éducation citoyenne, les gestes individuels concrets et l'action collective, et de promouvoir à la fois l'équité sociale et la protection de l'environnement. Équiterre, c'est un peu l'appel de Rio mis à la sauce québécoise.

---

1. www.equiterre.org/a-propos

Au sein de ce nouvel organisme, Laure Waridel dirige la campagne du commerce équitable en sensibilisant le public et les détaillants à ce nouveau type de consommation. Au début, le concept de commerce équitable est peu accepté et se heurte à bien des obstacles. Les produits équitables apportent des bénéfices directs aux producteurs et requièrent à la base un geste de solidarité fondamental qui amène des paysans producteurs de café, de cacao ou de fruits vivant très loin de nous à tirer un meilleur revenu de leur travail.

La mondialisation entraîne une concentration des marchés dans plusieurs secteurs, notamment en agriculture. Il n'est pas rare de voir une poignée de multinationales contrôler plus des deux tiers de la production mondiale de denrées comme le café ou le cacao. Dans un marché contrôlé par de tels oligopoles, les chances des paysans de recevoir un prix équitable pour leur production sont minces. En achetant un produit équitable, le consommateur court-circuite l'ensemble des réseaux internationaux de production-distribution-vente au détail contrôlés par des oligopoles composés d'immenses multinationales et crée un lien de solidarité direct avec le paysan. De ce point de vue, le commerce équitable apporte un contrepoids à la mondialisation néolibérale. Une véritable révolution qui s'oppose aux diktats du Fonds monétaire international, de l'Organisation mondiale du commerce et de la Banque mondiale qui prônent une libéralisation tous azimuts du commerce agricole.

L'originalité de cette révolution est que le champ de bataille se trouve dans les supermarchés. Les prolétaires sont remplacés par les consommateurs. Leur arme est leur portefeuille. *Acheter c'est voter*[2] est le titre d'un livre publié par Laure. Mais comme dans toute révolution, il faut gagner les consciences une par une, et c'est à ce travail qu'elle s'est consacrée.

Les produits équitables représentaient des ventes totales de 4,3 milliards d'euros dans le monde en 2010[3], soit quatre fois plus qu'en 2005[4]. Ils demeurent toutefois des produits de niche qui ne représentent qu'une fraction des achats en alimentation. Un des obstacles les plus importants demeure l'accessibilité puisque les grandes marques et les grands supermarchés ne rendent accessible qu'un nombre restreint de produits équitables et font peu de choses pour les promouvoir. Il n'en reste pas moins que le commerce équitable et, par la suite, l'investissement équitable sont devenus de réels mouvements qui changent le monde un dollar à la fois, de l'étalage d'un supermarché de Montréal ou de Zurich jusqu'au champ de café éthiopien. On estime que le commerce équitable profite à 1,2 million de paysans dans le monde, répartis dans 58 pays[5].

Intégrant de nouvelles notions comme le développement durable et le commerce équitable, le nouvel engagement citoyen explose au cours des années 1990. Des milliers de groupes, parmi lesquels Équiterre et la Fondation

---

2.   Laure Waridel, *Acheter c'est voter. Le cas du café*, Montréal, Écosociété, 2005.

3.   Fairtrade International, Challenge and Opportunity, Annual Review 2010-2011, Financial and Global Sales Figures 2010, 2011.

4.   Fairtrade International, Building Trust, Annual Report 2005-2006, 2006.

5.   Fairtrade International, en ligne www.fairtrade.net/faqs.html

David Suzuki, sont alors fondés dans le monde, attirant quelques-uns des plus brillants militants, organisateurs et intellectuels de la génération X. On dénombrait 2 865 ONG internationales en 1945. En 1990, on en comptait 13 591[6]. Elles étaient plus de 47 000 en 2001[7]. Au début du troisième millénaire, elles occupaient 19 millions de personnes dans le monde et un nombre incalculable de bénévoles[8].

Au cours des années 1990, on assiste non seulement à la multiplication des ONG, mais aussi à leur professionnalisation, alors que de plus en plus de jeunes diplômés dans des dizaines de disciplines viennent mettre leurs talents au service d'organismes en pleine expansion. Sous leur impulsion, on passe d'un petit nombre de mouvements associatifs nationaux et relativement bien structurés à une constellation de groupes locaux, nationaux et internationaux dont les liens sont organiques. Les coalitions se forment ou se reforment au gré des enjeux et de

---

6.   Carolyn M. Stephenson, « NGOs and the Principal Organs of the United Nations », dans Paul Graham Taylor et A. J. R. Groom (dir.), *The United Nations at the Millennium. The Principal Organs*, Continuum International Publishing Group, 2000, p. 272.

7.   Helmut K. Anheier et Nuno Themudo, « Organisational Forms of Global Civil Society: Implications of Going Global », dans Marlies Glasius, Mary Kaldor et Helmut K. Anheier (dir.), *Global Civil Society 2002*, Oxford University Press, 2002, p. 194.

8.   Lester M. Salamon, S. Wojciech Sokolowski et Helmut K. Anheier, *Social Origins of Civil Society: An Overview. Working Papers of the Johns Hopkins Comparative Non-profit Sector Project*, décembre 2000, en ligne : http://ccss.jhu.edu/wp-content/uploads/downloads/2011/09/CNP_WP38_2000.pdf

l'évolution naturelle du mouvement citoyen. Une nouvelle toile planétaire se tisse. Elle est composée d'organismes de toutes tailles qui vont du simple groupe de conservation local à des organisations globales comme Greenpeace, qui a 2,9 millions de membres, un budget de 350 millions de dollars, et qui est actif dans 45 pays[9]. Cette toile diversifiée inclut des organismes humanitaires, des organismes de protection de l'environnement et de protection des droits de la personne, des syndicats et, plus généralement, une panoplie d'organismes de gauche qui sont à la tête du mouvement altermondialiste.

Mais comment cela est-il arrivé? Plusieurs explications peuvent être avancées, mais la révolution des télécommunications et un mouvement de démocratisation sans précédent dans le monde ont certainement joué des rôles déterminants. On comptait, en l'an 2000, 120 pays démocratiques, soit 41 de plus qu'en 1989, à la suite de la démocratisation du Bloc de l'est et à la fin de dictatures en Amérique latine, en Afrique et en Asie[10]. Ce mouvement a permis de donner de l'extension à la société civile et de l'enraciner dans des pays auparavant inaccessibles.

Mais le facteur déterminant de l'explosion de la société civile au cours des années 1990 demeure la révolution des télécommunications. Le coût des communica-

---

9. Bruce Cox, « Greenpeace at 40: Where We Are, Where We Aim to Be », *Rabble*, 14 septembre 2011, en ligne : http://rabble.ca/news/2011/09/greenpeace-40-where-we-are-where-we-aim-be

10. Freedom House. *Freedom of the World 2012, The Arab Uprisings And Their global Repercussions. Selected data from Freedom House's Annual Survey of Political Rights and Civil Liberties*, p. 29

tions internationales a constitué jusqu'au début des années 1990 une barrière qui entravait le développement de mouvements citoyens transnationaux. Le coût d'une communication transatlantique en 1900 se calculait en centaines de dollars, une fortune à l'époque. En 1960, la même communication pouvait coûter quelques dizaines de dollars, puis en 1990 à peine quelques dollars. En 2010 la vidéoconférence est accessible presque gratuitement à toute personne munie d'un ordinateur et d'une connexion à haut débit.

Les communications ne sont pas seulement moins coûteuses, elles sont également plus rapides. Une lettre envoyée outre-mer en 1910 pouvait mettre des semaines à traverser l'Atlantique. Moyennant des frais plus élevés, un court texte pouvait être envoyé par télégramme plus ou moins instantanément. L'arrivée des télécopieurs au cours des années 1980 permettra d'acheminer des documents complets à peu de frais.

Internet et les communications numériques vont révolutionner cet environnement. À partir des années 1990, l'information — documents, images, vidéos — va être acheminée en temps réel vers une multitude de destinations. À la fin de 2011, 5,9 milliards de personnes possédaient un téléphone mobile[11] et près de deux milliards de personnes avaient accès à Internet[12].

---

11. Lance Whitney, « 2011 Ends with Almost 6 Billion Mobile Phone Subscriptions », CNET, 4 janvier 2012, en ligne : http://news.cnet.com/8301-1023_3-57352095-93/2011-ends-with-almost-6-billion-mobile-phone-subscriptions/

12. A. Amir Hatem Ali, « The Power of Social Media in Deve-

Un jeune universitaire peut aujourd'hui lancer une ONG et se mettre en contact avec un activiste au Brésil, en Russie ou en Iran. Avec un simple cellulaire, son interlocuteur peut lui envoyer des informations qui alimenteront leurs actions communes. Les ONG, des plus petites aux plus grandes, peuvent ainsi s'organiser de manière complexe et décentralisée. Internet est l'arme altermondialiste par excellence.

Dans *Democracy,* créée en 1992, Leonard Cohen chante : « *It's coming through a hole in the air, from those nights in Tiananmen Square. [...] It's coming to America first,the cradle of the best and of the worst. It's here they got the range and the machinery for change.* » La « machinerie du changement ». Internet fut certainement au cœur de ce dernier. Et c'est à partir des États-Unis que cette vague déferlera sur la planète.

Le sommet de Rio servira de déclencheur à cette vague citoyenne. Des représentants de 172 pays, dont 108 chefs d'État se réunissent en juin 1992 pour discuter du sort de la planète[13]. Fait inédit : quelque 17 000 personnes représentant 2 400 ONG se réunissent dans la cadre d'un sommet parallèle d'une envergure nouvelle. Jamais dans l'histoire un sommet n'avait mobilisé tant de personnes, suscité tant d'espoir dans le monde.

Les fondements théoriques du sommet de Rio se retrouvent dans le rapport de la Commission des Nations

---

loping Nations », *Human Rights Journal* [Harvard Law School], vol. 24, n° 1 (2011), p. 185-219.

13. Voir www.un.org/geninfo/bp/enviro.html

Unies sur l'environnement et le développement, présidé
par la Première ministre de Norvège, Gro Harlem
Brundtland. Le rapport Brundtland, *Notre avenir à tous*,
publié en 1985, définit le développement durable comme
« un développement qui répond aux besoins du présent
sans compromettre ceux des générations futures[14] ». Le
développement durable implique d'abord qu'on pour-
voie aux besoins du présent, c'est-à-dire qu'on redistribue
la richesse sur terre afin de nourrir, loger et soigner une
population qui atteint maintenant près de sept milliards
d'habitants. Il suppose également que nous comblions
nos besoins sans épuiser les ressources renouvelables et
non renouvelables, ce qui permettrait aux générations
futures de répondre aux leurs. Comme un proverbe
autochtone le dit, nous n'héritons pas de la terre, nous
l'empruntons à nos enfants.

Faisant aujourd'hui partie de la culture générale, ces
énoncés n'ont rien perdu de leur portée révolutionnaire.
L'économie de marché comporte deux vices de conception fondamentaux que le développement durable
attaque de front : elle ne redistribue pas la richesse équitablement et elle n'intègre ni les effets de la pollution ni les
impacts de la destruction massive des systèmes naturels
provoquée par une croissance industrielle débridée. En
un mot, l'économie de marché épuise les richesses de la

---

14. Commission mondiale sur l'environnement et le développement, *Notre avenir à tous. Rapport de la Commission mondiale sur
l'environnement et le développement, présidée par Gro Harlem
Brundtland*, 1987.

biosphère pour enrichir une minorité. Tout dans cette équation doit changer.

Les résultats du sommet de Rio sont à la fois impressionnants et décevants. On y adopte deux conventions internationales : la première a trait aux changements climatiques et débouchera sur le protocole de Kyoto cinq ans plus tard, et la seconde porte sur la biodiversité. Une autre convention sur la lutte à la désertification suivra deux ans plus tard. Le plan d'action adopté à Rio, Action 21, demeure une référence vingt ans après. Cependant, les lendemains de Rio seront amers. Faute de volonté politique et de financement, les États présents au Sommet renieront un à un leurs engagements, et le plus important projet de société depuis le *New Deal* fera naufrage sur les récifs de la mondialisation et de la crise des finances publiques.

Pour de nombreuses personnes de ma génération, l'appel de Rio résonne encore comme un vibrant message d'espoir, de justice et de solidarité entre les humains. Rio est notre Woodstock. C'est un appel au changement, le refus d'un monde en déroute, l'espoir d'une jeunesse à l'aube de la vingtaine.

Il y a un aspect générationnel indéniable dans ce mouvement. Encore aujourd'hui, la moyenne d'âge des membres d'ONG comme Équiterre ou la Fondation David Suzuki se situe dans la trentaine. Les générations X et Y y sont majoritaires. Les femmes y sont particulièrement présentes.

Nos solidarités dépassent les frontières, elles dépassent les générations et s'étendent à toutes les espèces qui tissent la diversité du vivant sur terre. Nous remettons en ques-

tion l'ordre établi. Nous osons questionner les fondements mêmes d'une économie axée sur la surconsommation et les inégalités sociales qui nous mènent à un
cul-de-sac. Nous opposons un nouvel humanisme écologiste au néolibéralisme galopant.

On nous accuse maintenant d'être moralisateurs,
d'être devenus les « nouveaux curés » verts. Il est vrai que
nous proposons un nouveau système de valeurs, des
transformations socioéconomiques radicales et des changements de comportement individuels. Il est également
vrai que nous faisons montre d'un certain prosélytisme.
En fait, rien dans cela ne nous distingue des mouvements
sociaux du passé.

Soyons clairs : nous remettons en question les dogmes
et les idées dominantes. Nous ne les dictons pas. Nous
proposons une nouvelle forme de révolution. Notre
champ de bataille est l'espace public. Nos armes sont
la science, les idées et les solutions. Nos alliés sont les
faits.

Ceux qui nous reprochent de créer une nouvelle religion cachent derrière cette accusation leur propre incapacité à innover, à penser plus loin que le prochain trimestre,
à sortir du confort et de l'indifférence pour bâtir un
monde plus juste et plus vivant. En cela ils représentent
une force d'inertie qui profite à tous ceux qui ont intérêt
à maintenir le statu quo.

La résistance au changement est le propre des sociétés
conservatrices. Le virage à droite amorcé en 1980 s'accentue aujourd'hui avec le vieillissement de la population. Il
est ironique de voir une génération qui a renversé le pouvoir de l'Église et forcé le progrès social accuser mainte-

nant les porteurs de changement d'êtres de « nouveaux curés ». Les curés sont ceux qui s'installent dans le statu quo, pas ceux qui souhaitent promouvoir le changement social. C'était vrai il y a quarante ans. C'est toujours vrai aujourd'hui.

Il y a une leçon à tirer de tout cela : on ne doit pas laisser une génération en définir une autre. Nous sommes le produit d'un monde qui nous a façonnés et nous façonnons à notre tour le monde de nos enfants. Individualiste, ma génération ? Pas plus que les précédentes. Idéaliste ? Pas moins que les précédentes. Sommes-nous des nouveaux curés ? Non. Souhaitons-nous changer le monde ? Oui.

Le nouvel engagement citoyen assumé par ma génération demeure un mouvement organique, diversifié et inachevé, porteur d'idéaux et animé d'un sentiment d'urgence puisque l'effondrement des systèmes naturels qui portent la vie sur terre s'accélère sous nos yeux. Il est parfois difficile de constater les reculs généralisés dont nous avons été les témoins privilégiés depuis vingt ans. Conserver l'espoir demeure un défi quotidien.

Un dimanche soir, en 2008, Laure Waridel s'adressait à deux millions de personnes à la télévision dans le cadre de l'émission *Tout le monde en parle*, défendant ses idées sur le commerce équitable et le développement durable. Quinze années s'étaient écoulées depuis notre projet avorté d'éducation populaire, mais elle était là, à l'écran, avec les mêmes idéaux et la même détermination. Quinze années d'efforts de milliers de personnes pour porter ces idées et bâtir un mouvement qui rejoigne le plus grand nombre de personnes. Beaucoup reste à faire, mais entre le petit local de l'Université McGill où une poignée d'apprentis militants voulaient changer le monde et les écrans de télévision de millions de personnes, je pouvais mesurer le chemin parcouru.

2

Pierre Marc Johnson :
une mondialisation à visage humain

« Voulez-vous être mon assistant de recherche ? » Par cette courte question, Pierre Marc Johnson vient d'amorcer une collaboration qui va, plus que toute autre, définir mon avenir. Pendant dix ans, M. Johnson sera mon mentor et m'apprendra nombre de choses qui ne sont pas enseignées dans les universités. Chronique du plus long stage de l'histoire.

Nous sommes le 17 décembre 1996, au vingt-cinquième étage d'une tour à bureaux du centre-ville de Montréal. La rencontre de M. Johnson me donne le vertige, plus encore que l'altitude. Je me présente courageusement devant un homme imposant, voire intimidant, mais d'une chaleur et d'une convivialité perceptibles au premier instant. Tentant le mieux possible de conserver mon calme, je bafouille quelques phrases que j'ai complètement oubliées depuis. M. Johnson me pose quelques questions en une sorte d'entrevue. Pour la forme uniquement. Étant donné ma performance, j'ai la conviction que sa décision était prise avant mon arrivée…

Le contraste entre cette rencontre et ma vie récente ne pourrait être plus prononcé. J'ai terminé ma maîtrise en août 1996 et vis depuis d'un petit boulot à un autre. Nous vivons à cinq dans un grand huit-pièces de Notre-Dame-de-Grâce et mon colocataire vient de m'avancer le loyer de décembre. Pour faire connaissance avec M. Johnson, j'ai dû emprunter une cravate à un ami qui étudie en droit. La veille de notre rencontre, j'ai fait le lutin dans un costume grotesque pour animer une fête de Noël de Bell Canada dans un bar du centre-ville de Montréal. Malgré un talent évident pour me couvrir de ridicule, j'aspire à mieux après dix-huit années d'études et une maîtrise en relations internationales. M. Johnson m'offre le tremplin tant espéré.

Dès le début, une relation maître-élève s'établit. Johnson est un maître autoritaire et chaleureux. Il est capable de sautes d'humeurs épiques, qui ne laissent jamais de traces, mais il est le reste du temps d'une grande gentillesse et d'une présence généreuse. Pas question de le tutoyer. Je n'en ai d'ailleurs jamais ressenti le besoin ; cela m'aurait semblé déplacé. Lui-même n'a jamais tutoyé René Lévesque, son mentor à bien des égards. Dans une relation maître-apprenti, le vouvoiement est une marque de respect qui enrichit la relation. Notre entente implicite est la suivante : je ne lui dis jamais non. En échange, il me soutient dans de nombreux projets et me prend sous son aile comme apprenti. Encore aujourd'hui, je pourrais difficilement lui dire non s'il faisait appel à mes services. D'abord, travailler avec lui demeure un pur plaisir intellectuel et personnel. Mais plus encore, c'est ma fidélité et mon sens du service qui seraient sollicités.

De ma collaboration avec M. Johnson naît un voyage intellectuel fascinant, combinant les enjeux du développement durable, de la mondialisation, des nouvelles technologies ou du développement international. Dès la première année, nous acquérons une complicité dans la recherche et la définition des enjeux qui nous permettra de produire ensemble un nombre imposant d'articles, de conférences, de chapitres de livres, et même un livre entier au sujet de la Convention des Nations Unies sur la désertification. De cette complicité naît une amitié teintée de grand respect telle qu'il peut en exister entre un maître et son apprenti. D'une grande rigueur intellectuelle, Johnson examine constamment les chiffres que nous avançons pour s'assurer d'une cohérence sans faille dans nos écrits. Il me force à toujours accoler un chiffre absolu à un pourcentage, à reformuler les phrases qui manquent de clarté et à construire nos thèses autour de trois arguments clés. Lorsque j'écris un texte ou un projet de conférence pour lui, je peux dire à l'avance où il verra des failles. Neuf fois sur dix, il met le doigt sur les faiblesses de notre argumentaire, et je retourne à mon ordinateur.

Le temps passé avec M. Johnson durant toutes ces années demeure l'une de mes plus belles expériences. À de nombreuses reprises, je l'ai accompagné en voiture dans des déplacements à Ottawa ou à Québec. Je bénéficie ainsi de plusieurs heures privilégiées avec lui pour discuter de sujets divers : actualité, politique, histoire, en plus de nos dossiers courants. À d'autres moments, autour d'un verre de vin ou d'un repas, j'ai profité de moments d'intimité où Johnson était soudainement d'une grande disponibilité, libéré de son Blackberry. Nous pouvions avoir alors de longues conversations ininterrompues. J'accédais à un monde fascinant : l'histoire moderne du Québec, vue à travers l'un de ses acteurs et de ses témoins les plus importants. À travers lui, je rencontre Lévesque, de Gaulle et beaucoup d'autres personnages qui ont fait la Révolution tranquille et construit le Québec tel qu'on le connaît aujourd'hui.

Pierre Marc Johnson représente pour moi ce genre de politicien qui possède un sens aigu de l'intérêt public et qui n'accepte aucun compromis sur les questions d'intégrité. Une de ses grandes fiertés est d'avoir fait partie du gouvernement qui a réformé le financement des partis politiques, longtemps en proie à la corruption et au trafic d'influence. Dans un monde où le sens de l'éthique s'est un peu perdu, Pierre Marc Johnson demeure l'une des rares personnes de ma connaissance qui placent l'intégrité au-dessus de tout.

M. Johnson accorde également une valeur absolue aux institutions démocratiques et parlementaires. Il voue un grand respect à René Lévesque qui incarne pour lui, comme pour beaucoup d'entre nous, cet idéal démocratique qui trouve un de ses fondements dans le respect des citoyens. Il m'a d'ailleurs déjà dit que le monde ne se divise pas entre gauche et droite, radicaux et modérés ou autres étiquettes. Il se divise entre démocrates et non-démocrates. Après plusieurs années passées à observer le jeu politique et à y participer, je suis tenté de lui donner raison. Alors que les institutions parlementaires et démocratiques sont menacées partout dans le monde, et particulièrement au Canada et aux États-Unis, la défense de la démocratie est plus que jamais nécessaire.

Alors qu'on connaît bien l'action de Pierre Marc Johnson sur la scène québécoise, son travail international depuis son retrait de la politique demeure méconnu. Pierre Marc Johnson est l'un des plus grands ambassadeurs du Québec sur la scène internationale. Peu de gens savent qu'il a été rapporteur d'une conférence préparatoire au sommet de Rio et qu'il a présidé en 1994 des négociations cruciales qui ont permis la signature de la troisième convention de Rio, la Convention sur la désertification, qui n'avait pu être signée à Rio en même temps que les conventions sur la diversité biologique et les changements climatiques. Il réussit à créer des liens de confiance tant avec les pays du Nord qu'avec ceux du Sud, ce qui lui confère un rôle unique, non seulement lors de la signature de la convention, mais également par la suite, car on fait appel à lui pour entreprendre une médiation ou dénouer des impasses diplomatiques.

Pierre Marc Johnson est également un grand défenseur de l'Afrique et de la lutte à la désertification, et un serviteur inlassable des Nations Unies, que ce soit à titre de négociateur ou de conseiller sur des enjeux comme la désertification ou le développement international. Entre 2002 et 2008, j'aurai d'ailleurs l'occasion de l'accompagner dans plusieurs de ses mandats liés à la désertification, sur lesquels je reviendrai dans le prochain chapitre. En 2006, nous publierons tous deux, en collaboration avec Marc Paquin, le premier ouvrage traitant de la Convention sur la désertification[1].

---

1. Pierre Marc Johnson, Karel Mayrand et Marc Paquin (dir.),

Au début des années 1990, M. Johnson se joint au Groupe de Lisbonne, aux côtés de vingt intellectuels nord-américains, japonais et européens, réunis à l'invitation de Riccardo Petrella. Le Groupe de Lisbonne amorce dès le début de cette décennie une réflexion sur l'économie de marché et la mondialisation qui prendra la forme d'un livre intitulé *Les Limites de la compétitivité*, publié en 1995[2].

Le rapport du Groupe de Lisbonne pose une question fondamentale : la libre concurrence et son corollaire, la compétitivité, peuvent-ils régir l'ensemble de la planète et régler les problématiques socioéconomiques, environnementales ou démographiques auxquelles font face nos sociétés modernes ? En d'autres termes, la mondialisation économique constitue-t-elle une panacée ? Le jugement des vingt intellectuels est sans appel : en se préoccupant uniquement de profit et de concurrence, le marché — et par extension la mondialisation — souffre de myopie et est incapable d'offrir des solutions à ces problèmes. Il en constitue même une des causes.

Inégalités économiques croissantes, dégradation de l'environnement, perte de contrôle des institutions démocratiques, notamment des États-nations sur les entreprises multinationales, l'économie et les marchés financiers, besoin d'une gouvernance nouvelle. Les thèmes de prédilection de M. Johnson sont tous présents dans le rapport du groupe de Lisbonne. Social-démocrate, Johnson

---

Governing Global Desertification: Linking Environmental Degradation, Poverty and Participation, Londres, Ashgate Press, 2006.

2. Groupe de Lisbonne, *Limites à la compétitivité. Vers un nouveau contrat mondial*, Montréal, Boréal, 1995.

a non seulement la conviction que la mondialisation peut avoir un visage humain, mais que celle-ci échouera si elle n'arrive pas à répartir la richesse, à faire cesser le gaspillage des ressources de notre environnement, mais surtout à se démocratiser. La mondialisation ne peut être qu'économique. Elle doit porter l'ensemble des aspirations humaines. Pour remédier aux abus du néolibéralisme, Johnson propose un *New Deal* global.

La vague néolibérale, dont nous avons fait mention au chapitre précédent, est lancée au début des années 1980 par l'élection du tandem Reagan-Thatcher. Les réformes financières et économiques, la déréglementation et la libéralisation des échanges commerciaux créent les conditions qui favoriseront l'avènement de la mondialisation dans les années 1990. Les institutions financières internationales, dont le Fonds monétaire international (FMI) et la Banque mondiale, contrôlées par les pays développés, vont se charger d'exporter un modèle uniforme axé sur la libéralisation tous azimuts et le commerce international.

Au cours des années 1980, dans le contexte d'une crise de l'endettement sans précédent, un grand nombre de pays en développement se voient dans l'impossibilité de rembourser leurs créanciers publics ou privés dans les pays développés. En 1980, la dette totale des pays en développement est de 603 milliards de dollars US. À la suite de la hausse vertigineuse des taux d'intérêt au début des années 1980, cette dette explose pour atteindre 1 444 milliards de dollars US en 1990[3].

---

3. Mick Hillyard, *Cancellation of Third World Debt*, House of

Incapables de faire face à leurs obligations financières, plusieurs pays en développement se voient forcés d'appliquer des programmes d'ajustements structurels destinés à réduire les déficits publics et à attirer des capitaux étrangers qui serviront à rembourser des dettes astronomiques. En d'autres termes, on impose aux pays en développement des coupes draconiennes dans les services publics, des réformes visant à favoriser l'investissement privé et les exportations, le tout dans le but de générer des fonds leur permettant de rembourser leurs créanciers, c'est-à-dire les pays développés et leurs banques.

Ce pillage insensé installe dans la pauvreté des millions de personnes en Afrique, en Amérique latine et en Asie et creuse les inégalités économiques entre le Nord et le Sud. On appellera les années 1980 la décennie perdue pour les pays en développement. Le FMI et la Banque mondiale feront plus tard leur mea culpa et reverront leurs stratégies d'aide aux pays en développement. Les stratégies changent, la crise demeure. En 2004, la dette combinée des pays en développement dépassait les 3 000 milliards de dollars US. Le seul service de la dette représentait la même année des paiements annuels de 443 milliards de dollars US pour les pays en développement[4], soit cinq fois plus que l'aide publique au développement qu'ils ont reçue des pays développés, en 2004

Commons Economic Policy and Statistics Section, Research Paper 98-81, Royaume-Uni, p. 12.

4.   The OPEC Fund for International Development, *Annual Report 2005*, p. 17.

toujours[5]. Gain net pour les pays développés : plus de 364 milliards par année. C'est un plaisir de faire des affaires avec nous!

On constate l'ampleur de l'échec de la stratégie des institutions financières internationales lorsqu'on analyse les échanges commerciaux qui ont eu lieu au milieu des années 1990. Durant cette période, malgré des réformes visant à promouvoir l'investissement privé et le commerce international, l'Afrique, l'Amérique latine et l'Asie sont ni plus ni moins larguées par la mondialisation naissante. Ce largage est d'ailleurs l'un des thèmes majeurs du rapport du Groupe de Lisbonne.

Pire encore, les 49 pays les moins avancés sur la planète, qui représentaient au tournant du millénaire 10,5 % de la population mondiale, assuraient moins de 1 % des échanges commerciaux[6]. Alors que la mondialisation produit une richesse inégalée dans l'histoire, les inégalités Nord-Sud se creusent. Ce phénomène s'atténuera en partie avec le décollage de la Chine, de l'Inde, du Brésil, de la Russie et de l'Indonésie au début des années 2000. Fait

---

5. En 2004, la somme totale de l'aide au développement consentie par les pays membres de la direction pour la coopération et le développement de l'Organisation pour la coopération et le développement économiques (OCDE) était de 79,4 milliards de dollars US. Source : DAC-OECD, *Final ODA Data for 2005*, en ligne www.oecd.org/dataoecd/52/18/37790990.pdf

6. World Trade Organisation, « Growth, Jobs, Development and Better International Relations: How Trade and the Multilateral Trading System Help », en ligne : www.wto.org/english/thewto_e/ minist_e/min99_e/english/book_e/stak_e_3.htm

intéressant, aucun de ces pays n'a été forcé d'appliquer à
la lettre les politiques du FMI et de la Banque mondiale.
Mes recherches avec M. Johnson pendant la
période 1997-2001 portent essentiellement sur la mondialisation et la nécessité de lui donner un visage humain.
Nous documentons et décrivons la libre circulation des
biens et services, des capitaux, des personnes et de l'information comme étant quatre piliers de la mondialisation.
Nous mettons également en relief les inégalités Nord-Sud,
les problématiques environnementales et le déficit démocratique de la mondialisation. Programme ambitieux,
mais nécessaire. M. Johnson livre inlassablement le même
message aux gens d'affaires, aux responsables gouvernementaux, aux décideurs politiques et aux chercheurs universitaires : nous avons besoin d'un *New Deal* pour rendre
la mondialisation plus durable, équitable et démocratique.

Pour les gens de la gauche, Johnson fait partie de l'establishment de droite. Pour la droite, il est celui qui remet
constamment à l'ordre du jour les questions relatives à
l'équité Nord-Sud et à la protection de l'environnement.
Élevé dans l'establishment, mais résolument à gauche sur
le plan intellectuel, Johnson est un social-démocrate
pragmatique : il est favorable au développement économique, mais croit que l'État et les institutions internationales doivent jouer un rôle actif dans la répartition de la
richesse, la correction des abus du marché et la protection
de l'environnement. Interventionniste, il croit que l'État
doit intervenir par la fiscalité et la réglementation pour
atteindre des objectifs collectifs. Pas assez à gauche pour
les uns, pas assez à droite pour les autres, Johnson est un

réformiste qui se situe au centre gauche de l'échiquier politique. Ce positionnement me donnera parfois des maux de tête, mais le fait d'écrire pour lui me permet de parler à des gens d'affaires, à des décideurs publics et à des élus.

Décrire l'accélération et l'expansion de la mondialisation depuis les gratte-ciel de Wall Street jusqu'aux manufactures de Bombay n'est pas une mince tâche, mais, avec l'intégration des systèmes financiers et de production, une décision prise à New York définit les conditions de travail aux antipodes. Tout est maintenant lié, mais nous ne pouvons plus percevoir l'ensemble. Au sein du marché, la main est invisible et les yeux sont aveugles. Chacun est responsable, mais personne n'est comptable de ses actions. Le marché, création humaine, a pris le pas sur la volonté collective. L'État, sous sa forme traditionnelle, est dépassé.

La fin des années 1990 est une période excitante pour étudier la mondialisation, puisque le monde se transforme sous nos yeux dans une accélération inédite. La planète roule à tombeau ouvert. Dans « Au-delà du commerce international », publié en 2000, nous mettons en relief l'ampleur du phénomène[7].

Au cours de la période 1950 à 2000, le produit intérieur brut (PIB) mondial est multiplié par 6 en dollars constants alors que le commerce est multiplié par 14. Le

---

7. Pierre Marc Johnson, avec Karel Mayrand, « Au-delà du commerce international : pour une gestion élargie et mieux intégrée de la mondialisation », *Enjeux publics* [Institut de recherche sur les politiques publiques], vol. 1, n° 3, juillet 2000.

commerce international représente 6 % du PIB mondial
en 1950, 10 % en 1987 et 15 % en 1998. Non seulement le
commerce devient le principal moteur de l'économie de
marché, mais ce moteur est en pleine accélération au
cours des années 1990[8].

Les échanges de capitaux sont également en pleine
expansion. Alors qu'en 1970 il s'échangeait de 10 à 20 milliards de dollars US sur le marché international des
devises, plus de 1 500 milliards de dollars US changent
de mains chaque jour en 2000, exposant des pays entiers
à de brusques mouvements spéculatifs sur les monnaies[9].
Les investissements directs à l'étranger (IDE) totalisaient
648 milliards en 2004, dont 36 %, ou 233 milliards, étaient
destinés aux pays en développement[10]. Cependant, ce
chiffre masque le fait que cinq pays, la Chine (incluant
Hong Kong), l'Inde, le Brésil, le Mexique et la Russie, acca-
paraient 60 % de ce montant, laissant des miettes aux
autres pays en développement[11].

Si le commerce international est le moteur de la mondialisation, les entreprises multinationales tiennent le
volant. En 1970, on recensait environ 700 multinationales

---

8. *Ibid.*, p. 6.

9. *Ibid.*, p. 7.

10. Conférence des Nations Unies sur le commerce et le développement, *Rapport sur l'investissement dans le monde 2005 : les
sociétés transnationales et l'internationalisation de la recherche-
développement. Vue d'ensemble*, New York et Genève, 2005, p. 1.

11. World Bank, *Global Development Finance. Mobilizing Finance
and Managing Vulnerability. Analysis and Statistical Appendix*,
2005, p. 17.

dans le monde[12]. En 1993, elles étaient 37 000[13]. En 2006 ce chiffre avait plus que doublé, s'élevant à 77 000[14]. Ensemble, ces multinationales contrôlent 770 000 filiales, emploient 62 millions de personnes et génèrent un chiffre d'affaires de 4 500 milliards de dollars[15]. Des entreprises multinationales font maintenant partie des économies les plus puissantes de la planète. Les 25 plus grandes entreprises dans le monde se classaient en 2001 parmi les 75 plus importantes économies de la planète. Avec un chiffre d'affaires de plus de 458 milliards de dollars US en 2009, Royal Dutch Shell, la première entreprise mondiale, surpassait les économies de la Suède, de la Norvège et de l'Argentine et venait au 22e rang parmi les plus importantes économies mondiales[16]. Fait à retenir, sept des dix entreprises qui avaient le plus grand chiffre d'affaires en 2009 étaient des pétrolières. Des empires se sont créés sur notre dépendance énergétique.

---

12. Pierre Marc Johnson, avec Karel Mayrand, « Au-delà du commerce international », p. 10.

13. United Nations Conference for Trade and Development, *World Investment Report 1993. Transnational Corporations And Integrated International Production. An Executive Summary*, New York, 1993.

14. United Nations Conference for Trade and Development, *Investment Report 2006. FDI from Developing and Transition Economies : Implications for Development*, 2006, p. 18.

15. *Ibid.*

16. Voir Fortune Global 500, 2009, en ligne : http://money.cnn.com/magazines/fortune/global500/2009/full_list/, et Banque mondiale, *Gross Domestic Product (2010)*, en ligne : http://siteresources.worldbank.org/DATASTATISTICS/Resources/GDP.pdf

Outre leur grande force économique, les multinationales ont également profité de la mondialisation pour concentrer le contrôle de la production dans plusieurs secteurs névralgiques de notre économie. À la fin des années 1990, les 10 premières entreprises de leurs secteurs contrôlaient 86 % du marché mondial des télécommunications, 85 % du marché mondial des pesticides, 70 % du marché des ordinateurs et 60 % du marché des produits pharmaceutiques. Il en allait de même pour l'énergie et l'agriculture[17].

Il va sans dire que les multinationales utilisent leur position dominante dans le marché pour tirer des avantages auprès de leurs fournisseurs et pour soutirer le maximum des consommateurs. Cela est surtout évident dans le monde agricole. Des compagnies multinationales intégrées verticalement contrôlent une grande partie du commerce et de la distribution de produits agricoles. Les six plus grands producteurs de cacao réalisent la moitié des ventes mondiales. Trois entreprises tiennent à elles seules 80 % du marché de la transformation des fèves de soya en Europe et 70 % aux États-Unis[18]. Trois compagnies s'adjugent 81 % des exportations de maïs aux États-Unis. Résultat net de cette concentration, dans la chaîne qui mène du paysan au consommateur, les cartels accaparent l'essentiel des revenus au détriment des paysans. Ces derniers reçoivent 4 % du prix final du coton sur le mar-

---

17. Pierre Marc Johnson, avec Karel Mayrand, « Au-delà du commerce international », p. 10.

18. FAO, *The State of Agricultural Commodity Markets 2004*, Rome, 2004, p. 31.

ché mondial, ou 28 % du prix final du cacao. Pour la banane, seulement 12 % des recettes demeurent dans le pays d'origine, et les travailleurs des plantations se contentent d'une maigre part de 2 %[19]. Dans cette mondialisation des marchés agricoles, le paysan aussi est largué.

Élément fondamental de la mondialisation, et corollaire d'une économie qui s'internationalise, les mouvements de personnes s'accroissent également de façon exponentielle. Au début du troisième millénaire, 42 millions de personnes émigraient temporairement chaque année pour travailler à l'étranger. Entre 130 et 145 millions d'immigrants légaux vivent en permanence à l'extérieur de leur pays natal et le nombre de voyageurs internationaux atteint 590 millions par année[20].

Nous assistons également au début de la révolution de l'information. En 1998, Google, Facebook, iPhone, iPod et Twitter sont absents de nos projections, mais, quelques années plus tard, ils viendront bouleverser nos habitudes de communication. La vague qui s'élève dans les années 1990 se transforme en véritable tsunami au cours de la décennie suivante. Internet et la téléphonie sans fil s'universalisent et leurs utilisateurs se comptent désormais par milliards. Avec eux, l'information circule en temps réel, d'un bout à l'autre du globe. À la fin de cette décennie, les révolutions sont nourries par les textos et les réseaux sociaux.

---

19. *Ibid.*

20. Pierre Marc Johnson, avec Karel Mayrand, « Au-delà du commerce international », p. 8.

La mondialisation déferle sur notre planète, transportant des flux de capitaux, de biens et services, de personnes et d'information. L'accélération du phénomène est fulgurante, et elle contribue à creuser les écarts entre riches et pauvres. Au tournant du millénaire, un cinquième de la population mondiale contrôlait 86 % du PIB mondial et 82 % des exportations. Ces mêmes 20 % effectuaient 92 % des IDE et en recevaient plus des deux tiers. À l'autre extrême, le cinquième le plus pauvre de la planète ne recevait que 1 % de ces investissements, et, comme nous l'avons vu plus haut, une maigre part des échanges commerciaux internationaux. L'écart séparant les revenus de ces deux groupes, qui était de 30 pour 1 en 1960, a atteint 70 pour 1 en 1997[21].

Avec le démantèlement des barrières économiques et la libéralisation des marchés financiers internationaux, les mouvements de capitaux deviennent plus volatils, exposant les pays en développement à des chocs financiers. Annonciatrice de la crise de 2008, la crise financière de 1997-1998 illustre bien cette vulnérabilité. La faillite d'une banque thaïlandaise a provoqué l'effondrement de l'économie du pays, et par contagion celle de plusieurs pays émergents d'Asie. L'effet est dévastateur : en 1996, les mouvements nets de capitaux vers l'Indonésie, la Corée, la Malaisie, les Philippines et la Thaïlande totalisaient 93 milliards de dollars US. En 1998, on a assisté à un exode net de 12 milliards de dollars de capitaux, soit une fluctua-

---

21. Pierre Marc Johnson, avec Karel Mayrand, « Au-delà du commerce international », p. 9.

tion de 105 milliards, représentant 11 % des économies combinées de ces pays. Résultat : le salaire réel a chuté de 40 %, et 13 millions de personnes ont perdu leur emploi. Les pays développés sont intervenus à grands renforts d'investissements pour renflouer les secteurs financiers de ces pays et éviter que le mal s'étende à d'autres pays comme la Russie ou l'Argentine[22].

La crise de 1997-1998 annonçait celle qui allait toucher le monde entier une décennie plus tard à la suite de la faillite de la banque Lehman Brothers. Cette faillite a provoqué une cascade d'événements qui ont plongé la planète entière dans sa première récession mondiale et dans la pire récession depuis les années 1930. Un quart de siècle de libéralisation du secteur financier dans le monde a créé les conditions propices à cet effondrement historique.

Sans entrer dans les détails qui ont été maintes fois documentés et analysés, on peut raisonnablement affirmer que le modèle d'autorégulation des marchés financiers mis en place à partir des années Reagan aux États-Unis et ailleurs dans le monde a été un échec lamentable. Les institutions financières et leurs organismes de contrôle ont été incapables de prévenir la crise de 2008. Pire encore, ils ont été incapables de prévenir des fraudes gigantesques comme celle de Bernard Madoff ou le scandale d'Enron. Dans l'Amérique des années 2000, toutes les combines sont acceptables pour profiter des vagues spéculatives qui rapportent des bonis faramineux trimestre

---

22. *Ibid.*, p. 7.

après trimestre. Le laisser-faire apparu au début des années 1980 a abouti à un laisser-aller généralisé. Disons-le, l'irresponsabilité qui a caractérisé la gestion des marchés et des institutions financières dans le monde au cours de la première décennie de ce siècle a été criminelle.

On aurait pu espérer que la crise de 2008 mettrait un terme à la récréation, mais il ne semble pas qu'elle soit terminée. Les pays développés ont débloqué des centaines de milliards pour renflouer des institutions financières qui s'étaient effondrées du fait de leur propre incompétence. Endetter l'État pour sauver les banques. Robin des Bois redonne aux riches ce qu'il a pris aux pauvres.

L'administration Obama a instauré de nouvelles lois pour éviter de telles dérives financières, et on peut espérer que cela permettra de stabiliser les marchés aux États-Unis et par ricochet ailleurs dans le monde. Mais la culture malsaine du profit persiste au sein des marchés financiers : elle décide depuis trois décennies du sens de la mondialisation et elle a substitué la dictature du prochain trimestre à celle des généraux. Nos maîtres sont aujourd'hui les rapports trimestriels des entreprises multinationales.

Les marchés financiers et, par leur truchement, la mondialisation, s'inscrivent dans une dynamique d'instantanéité et d'absence de lendemain. *Be Here Now* semble être leur mantra. Il n'est donc pas étonnant que personne n'ait répondu aux signaux d'alarme pourtant évidents qui sont apparus avant la crise de 2008. Chacun voulait tirer le maximum de profits jusqu'à la limite, jusqu'à l'effondrement. *Live like there is no tomorrow !* Chacun refusait de se rendre à l'évidence : pour que les marchés financiers puissent croître indéfiniment, l'économie réelle devait les soutenir. *Life is just a dream*. Le rêve s'est terminé brutalement, et les lendemains sont douloureux.

On peut espérer une seule chose de la crise de 2008, c'est qu'elle mette un terme au délire néolibéral qui a fait des marchés financiers un gigantesque casino qui a jeté à la rue des centaines de millions de personnes, hommes, femmes et enfants, et qui continue de grever les économies de pays comme la Grèce, l'Italie, l'Espagne, le Portugal et les États-Unis. Il est temps d'écarter la pensée magique et de bâtir notre développement économique sur du concret. *Get real. Now.*

Cela pose toute la question de la gouvernance de la mondialisation, question à laquelle Johnson a longuement réfléchi. Dans la mesure où les États-nations sont aujourd'hui dépassés par des processus économiques, technologiques, environnementaux et sociaux qui transcendent leurs frontières, quels instruments peuvent-ils se donner sur le plan international pour gouverner collectivement ce qu'ils ne peuvent contrôler individuellement?

Pierre Marc Johnson fonde beaucoup d'espoir sur le G20, groupe mis sur pied par Paul Martin, à l'époque où il était ministre des finances du Canada, et réunissant les vingt plus importantes économies de la planète, c'est-à-dire les membres du G8, auxquels viennent s'ajouter des pays émergents comme la Chine, l'Inde, le Brésil et l'Indonésie, de même que l'Union européenne. La première mission du G20 consiste à mieux coordonner la gestion des marchés financiers pour éviter de telles déroutes. Sa grande force est que les pays y sont représentés par leurs ministres des Finances et par les gouverneurs de leur banque centrale. Pour M. Johnson, cette nouvelle organisation contribuera à mieux gérer la mondialisation des marchés. Elle a, bien sûr, permis de mieux coordonner la gestion financière internationale, mais son incapacité à prévenir la crise de 2008 montre que la gouvernance multilatérale est encore faible.

Parallèlement à la mondialisation économique et à ses organes de gouvernance se déploie une coopération internationale de plus en plus sophistiquée, patronnée par les Nations Unies. Les années 1990 ont été une décennie de sommets internationaux qui ont abouti à l'adoption de plans d'action ambitieux visant à renforcer le caractère social et environnemental de la mondialisation :

- Sommet mondial pour les enfants (1990) ;
- Conférence des Nations Unies sur l'environnement et le développement (Rio, 1992) ;
- Conférence sur les droits de la personne (Vienne, 1994) ;
- Conférence des Nations Unies sur la population et le développement (Le Caire, 1994) ;
- Sommet mondial sur le développement social (Copenhague, 1995) ;
- Conférence mondiale sur les femmes (Pékin, 1995) ;
- Conférence mondiale sur l'habitat humain (Istanbul, 1996).

Malheureusement, les plans d'action et les déclarations adoptés au cours de ces sommets sont souvent demeurés lettre morte, faute de financement ou de volonté politique. De plus, la recherche du consensus entraîne souvent un immobilisme frustrant qui empêche l'adoption d'engagements clairs assortis de cibles précises. Les sommets des années 1990, tout comme celui de Rio, n'en constituent pas moins des appels à l'action qui, par leur valeur symbolique, aident à la poursuite des idéaux d'une mondialisation plus juste et plus verte.

Fait marquant de la décennie 1990, un nombre important d'accords environnementaux multilatéraux sont signés, dont les suivants :

- Convention de Vienne pour la protection de la couche d'ozone (1985) ;
- Protocole de Montréal relatif aux substances qui appauvrissent la couche d'ozone (1987) ;
- Convention de Bâle sur le contrôle des mouvements transfrontaliers de déchets dangereux (1989) ;
- Convention cadre sur les changements climatiques (1992) ;
- Convention sur la diversité biologique (1992) ;
- Convention internationale sur la lutte contre la désertification dans les pays gravement touchés par la sécheresse ou la désertification, en particulier en Afrique (1994) ;
- Protocole de Kyoto sur les changements climatiques (1997) ;
- Protocole de Carthagène sur la biosécurité (2000) ;
- Convention de Stockholm sur les polluants organiques persistants (2002).

Ces accords créent des cadres de coopération pour le règlement de problématiques environnementales d'envergure internationale. En 2000, on comptait 216 accords environnementaux multilatéraux, c'est-à-dire des ententes conclues entre plus de deux pays[23].

La mondialisation a amené une multiplication des accords sur le commerce et l'investissement internationaux. En 1999, on comptait 1 857 accords bilatéraux sur l'investissement dans le monde[24]. On a tenté également en 1998 d'adopter un accord multilatéral sur l'investissement (AMI) sous l'égide de l'Organisation de coopération et de développement économiques (OCDE). Sous la pression du public qui craignait un affaiblissement du pouvoir de l'État face aux multinationales et en raison également des divisions entre pays sur la teneur de l'accord, celui-ci est abandonné.

Des accords commerciaux majeurs sont signés au cours des années 1990, dont les Accords créant l'Organisation mondiale du commerce (OMC, 1995) et l'Accord de libre-échange nord-américain (ALÉNA, 1994). Dans les deux cas, l'enjeu de l'articulation des accords commerciaux avec l'environnement se posent pour la première fois d'une manière explicite. Johnson se penchera d'ailleurs sur le régime environnemental de l'ALÉNA dans un livre qu'il publiera en 1996[25].

---

23. Pierre Marc Johnson, avec Karel Mayrand, « Au-delà du commerce international », p. 12.

24. United Nations Conference on Trade and Development (UNCTAD), *Bilateral Investment Treaties 1959-1999*, New York et Genève, 2000, p. 1.

25. Pierre Marc Johnson et André Beaulieu, *The Environment and NAFTA : Understanding and Implementing the New Continental Law*, Washington, Island Press, 1996.

Le cas de l'ALÉNA est intéressant puisqu'un débat se tient pour la première fois sur les impacts environnementaux d'un accord de commerce. Au cours des négociations en 1991-1992, les écologistes américains se préoccupent du fait que le Mexique, l'un des trois pays qui prennent part à la négociation, est un pays en développement. On craint que la faiblesse des réglementations environnementales au Mexique ne crée un avantage pour ce pays et ne pousse des entreprises canadiennes et américaines à se relocaliser au sud du Rio Grande. On craint également que les États-Unis et le Canada ne répondent en abaissant leurs normes environnementales pour attirer les investissements et les entreprises chez eux. Pour les écologistes, l'ALÉNA fait courir le risque d'une concurrence entre les trois pays pour réduire leurs normes environnementales et construire des *refuges pour pollueurs* où les entreprises pourraient opérer sans réglementation aucune. On craint enfin que l'ALÉNA ne contribue au démantèlement de mesures considérées comme des barrières au commerce, qu'il n'ait préséance sur les accords environnementaux internationaux et n'empêche leur mise en œuvre en Amérique du Nord.

Sous la pression des groupes écologistes et du candidat à la présidence Bill Clinton, le président George Bush père se résout en 1991 à intégrer au texte de l'ALÉNA des dispositions qui reconnaissent la légitimité des réglementations, qui interdisent d'abaisser les normes environnementales pour attirer les investissements et qui accordent la primauté à un nombre restreint d'accords environnementaux internationaux sur l'ALÉNA. Ceux-ci sont la Convention sur le commerce international des espèces animales et florales sauvages menacées d'extinction (CITES), le Protocole de Montréal relatif à des substances qui appauvrissent la couche d'ozone, ainsi que la Convention de Bâle sur le contrôle des mouvements transfrontaliers de déchets dangereux et de leur élimination.

Durant sa campagne, le candidat Clinton s'engage à faire reposer sa signature de l'ALÉNA sur la négociation d'accords parallèles sur le travail et l'environnement. Cette promesse mène à la signature de l'Accord nord-américain de coopération dans le domaine de l'environnement (ANACDE) et à la signature d'un autre accord sur le travail. L'ANACDE est essentiellement un accord qui crée un cadre de coopération entre les trois pays. Il contient peu d'obligations supplémentaires, mais engage les trois pays à travailler de concert à la protection de l'environnement nord-américain. De plus, l'ANACDE permet aux citoyens des trois pays de porter plainte si l'un des trois membres de l'ALÉNA omet systématiquement de mettre en œuvre ses réglementations environnementales.

Qualifié à l'époque d'accord commercial le plus vert de l'histoire, l'ALÉNA a créé un précédent : il n'était plus possible de négocier un accord commercial sans y inclure des dispositions environnementales. Dans l'ensemble, le bilan de l'ALÉNA est relativement positif.

Loin d'être le désastre écologique prévu, il a quand même eu des effets environnementaux négatifs sur le transport routier, l'agriculture mexicaine et d'autres secteurs. Les règles de l'ALÉNA protégeant les investissements des entreprises à l'étranger ont également mené à l'abandon de réglementations environnementales légitimes[26].

L'époque où les négociations commerciales étaient réservées uniquement aux experts et aux spécialistes est révolue.

L'environnement, le développement et l'économie sont les trois piliers de la coopération internationale depuis vingt-cinq ans. Ce sont également des facettes importantes de la mondialisation. Donner à celle-ci un visage humain implique que les dimensions environnementales et le développement soient regardés comme aussi importants que l'économie. La gouvernance internationale demeure un échec à cet égard. Jusqu'à aujourd'hui, sauf exception, seuls les accords de nature économique ont été contraignants pour les États et ont comporté la possibilité de sanctions contre les contrevenants. Les accords environnementaux demeurent, pour la grande majorité, des cadres de coopération qui ne requièrent pas des engagements contraignants. Les mécanismes de coopération en matière de développement sont quant à eux actionnés par les pays développés qui les financent et qui fixent les règles d'attribution du financement.

Il manque en outre la volonté politique de créer ce *New Deal* qui pourrait donner à la mondialisation un visage humain. En témoignent le blocage des négociations internationales sur le climat et le peu d'empressement des

---

26. Karel Mayrand et Marc Paquin, « L'ALÉNA et l'environnement : succès et limites d'un modèle novateur », dans Dorval Brunelle et Christian Deblock (dir.), *L'ALÉNA. Le libre-échange en défaut*, Montréal, Fides, 2004.

pays développés à donner suite à leurs engagements concernant le développement international.

Après deux décennies de mondialisation, les écarts entre riches et pauvres se sont creusés, tant dans les pays développés qu'à l'échelle planétaire. L'exploitation des ressources naturelles a, quant à elle, excédé la capacité de la nature à les renouveler. La mondialisation a pris le masque froid et distant des marchés financiers.

Lors du printemps de Prague en 1968, Alexandre Dubček, principal dirigeant de la Tchécoslovaquie, a dit vouloir donner au socialisme un visage humain. L'histoire a démontré que la chose était impossible. Le socialisme tel qu'il a été appliqué en Europe de l'Est s'est effondré sans jamais avoir changé de visage.

La question fondamentale que l'on peut se poser au sujet de la mondialisation est : peut-elle avoir un visage humain? Un système fondé sur la concurrence et le profit immédiat et faisant fi des personnes et de la nature peut-il amener un développement humain durable? Du moins doit-il pour ce faire avoir une gouvernance forte telle que celle qui, au sein des pays développés, a pu faire naître les États-providence? En somme, peut-on reprendre le contrôle de la mondialisation ou doit-on plutôt mettre un terme à cette aventure?

J'aimerais laisser ici le dernier mot à M. Johnson. En février 2001, alors que nous prenions part à Mexico à une conférence préparatoire au Sommet des Amériques, j'avais vu un Johnson affaibli et fiévreux livrer à l'Université nationale autonome de Mexico (UNAM) l'un des meilleurs discours que je l'ai entendu prononcer. Après s'être longuement attardé sur la mondialisation, le commerce international et le développement durable, il avait tranché cette question fondamentale sur la mondialisation : « Certains disent que nous devons tuer la bête. D'autre croient que nous devons la domestiquer. Devant ce dilemme, je choisis la seconde option. Après tout, je suis écologiste ! »

Six semaines plus tard, dans une ville de Québec assiégée et soumise à un bombardement de gaz lacrymogènes, 60 000 altermondialistes défilaient pour réclamer une trêve à cette mondialisation galopante. Un mouvement citoyen avait vu le jour au cours des années 1990 et il faisait entendre sa voix.

3

Oscar Arias : la voix de la paix

Nous sommes le 18 avril 2001, dans le grand hall du Musée de la civilisation à Québec, deux jours avant l'ouverture du Sommet des Amériques. Deux cents personnes émues, certaines aux larmes, se lèvent d'un trait pour applaudir Oscar Arias, Prix Nobel de la paix 1987, qui vient de terminer un discours inoubliable, d'une grande humanité, par ces paroles : « Elie Wiesel a déjà dit que le contraire de l'amour n'est pas la haine mais l'indifférence[1]. » Il vient de nous supplier de ne pas succomber à l'indifférence et de poursuivre notre travail pour la paix, la justice et la protection de notre planète.

---

1. Texte du discours reproduit dans Oscar Arias, « Preface », dans Maria Leichner Raynal, Karel Mayrand et Marie-Claire Cordonier-Segger (dir.), *Beyond the Barricades : An Americas Trade and Sustainable Development Agenda*, United Nations Environment Programme, IUCN et Institut international du développement durable, 2004, en ligne : www.iisd.org/pdf/2004/trade_beyond_barricades_draft.pdf

Dans certaines cultures traditionnelles, les comètes sont considérées comme porteuses de messages ou annonciatrices de bouleversements. Oscar Arias est la première des trois comètes qui ont marqué des étapes importantes dans mon engagement. Ce petit homme, à la voix chevrotante mais à la parole forte, vient de lancer un appel au développement et à la sécurité humaine. Il déplore le manque de démocratie dans notre monde et dénonce le militarisme comme réponse aux enjeux de sécurité. Discours prophétique cinq mois avant les attentats du 11 septembre 2001.

Pour notre jeune et petite équipe organisatrice de ce premier symposium hémisphérique sur le commerce et le développement durable, qui se tient en marge du Sommet des Amériques, la présence du président Arias est inespérée. Nous avions envoyé quelques semaines plus tôt une invitation écrite en espérant que celle-ci parviendrait au Nobel de la paix. Une sorte de bouteille à la mer provenant de jeunes admirateurs dans la vingtaine. Sa présence aiderait grandement au succès de notre événement.

Puis l'improbable se produit : un courriel provenant du bureau d'Arias nous confirme sa venue. Pour être honnête, je n'ai cru à celle-ci que lorsqu'il est descendu de l'avion en provenance de San José. Un ami m'a appelé de l'aéroport de Québec : « Le président est avec moi, nous serons au musée dans trente minutes. » Instant d'allégresse pure. Puis, panique : qu'allons-nous faire avec lui maintenant ?

Je dois une fière chandelle à Pierre Marc Johnson, président du symposium, qui a contacté le service du protocole du gouvernement du Québec. On a organisé une visite de la région pour le président Arias. Je lui assigne comme interprète une bénévole qui va accompagner le guide du protocole. Le guide la prend pour l'épouse du président et l'appelle Mme Arias pendant tout la durée du séjour. Beau joueur, Arias ne corrige pas le guide, il lui sourit, et c'est ainsi que la bénévole sera la conjointe d'un Nobel de la paix l'espace d'un après-midi.

Le lendemain, j'ai la chance de rencontrer cet homme affable mais timide. J'estime que les Nobel de la paix reçoivent cet honneur parce qu'ils sont comme des miroirs de ce qu'il y a de mieux au sein de l'humanité comme à l'intérieur de chacun de nous. Les prix Nobel de la paix, par leurs accomplissements et les valeurs qu'ils incarnent, ont la capacité de nous redonner espoir en ce que nous sommes, en ce dont nous sommes capables comme espèce lorsque nous prenons le parti de l'être humain.

Cette rencontre avec Arias me terrorise. Devant lui, je suis paralysé par la nervosité, la politesse, l'incapacité de trouver une phrase intéressante pour amorcer la conversation. Je me contente de lui serrer la main, de lui souhaiter la bienvenue et de lui retourner son immense sourire. Moment gravé dans ma mémoire. J'organise quelques minutes plus tard un déjeuner où j'invite Arias, Johnson, David McGuinty, alors directeur de la Table ronde nationale sur l'économie et l'environnement, le directeur du Programme des Nations Unies pour l'Amérique latine, ainsi que quelques autres personnalités clés de notre symposium. J'assiste alors à une scène fascinante : chacun demeure silencieux, mais au bout d'un moment Johnson se met à parler avec Arias des enjeux de développement international et de protection de l'environnement. C'est ainsi que débute un bijou de conversation entre l'ancien président et l'ancien premier ministre. Plus de dix minutes passeront avant que quelqu'un vienne malheureusement interrompre cette conversation entre deux fervents défenseurs du développement international, de la démocratie et de la justice sociale. Malheureusement pour moi, je n'ai conservé que peu de souvenirs de cette discussion.

Arias vient d'une région, l'Amérique centrale, qui a été ravagée par la guerre et la destruction de l'environnement. Le Costa Rica est un îlot de paix et de stabilité dans cette région qui a connu les guerres parmi les plus violentes d'Amérique latine. Peu de gens savent par ailleurs que le Costa Rica est un des dix-sept pays dits « mégadivers », aux côtés de géants comme le Brésil, la Russie, l'Indonésie, la Chine ou la République démocratique du Congo. Ce pays treize fois plus petit que la France donne à la fois sur l'Atlantique et le Pacifique, et compte 500 000 espèces végétales et animales, ce qui représente 4 % de la biodiversité mondiale[2]. Le Costa Rica compte plus d'espèces de papillons que les États-Unis et le Canada réunis. Ses forêts, relativement bien protégées, sont remarquables par leur biodiversité et sont considérées comme un des joyaux du pays. Pays pauvre, le Costa Rica parvient à exploiter ses ressources durablement.

Donc, la paix, la démocratie, le développement humain et la protection de la biodiversité sont des ques-

---

2.   Voir Instituto Nacional de Biodiversidad, Costa Rica, en ligne : www.inbio.ac.cr/en/biod/bio_biodiver.htm

tions d'intérêt vital pour le Costa Rica, et également les thèmes de prédilection du président Arias lorsqu'il se présente devant nous en cette soirée d'avril 2001.

Dans une ville en état de siège qui subit le vacarme incessant des sirènes et des hélicoptères et où s'affrontent manifestants et forces policières dans un écran de gaz lacrymogènes, Arias est venu porter un message de paix et de justice. Au même moment, des centaines de personnes sont victimes de rafles dignes des dictatures les plus féroces. La tension à l'extérieur est palpable. L'air est chargé en ce printemps de 2001. À l'intérieur, Arias parle avec calme et assurance. Son message heurte de front la pensée unique qui s'exprime dans ce Sommet des Amériques sur lequel pèsent vingt ans de néolibéralisme économique.

Arias nous annonce que nous traversons une crise du développement doublée d'une crise morale, alors que plus d'un milliard de personnes vivent dans des bidonvilles, que 40 000 enfants meurent chaque jour de malnutrition et que les trois personnes les plus riches du monde se partagent une richesse supérieure à celle des 43 pays les plus pauvres. Il ajoute que nous traversons une crise spirituelle : « Comme Gandhi l'a dit, plusieurs sont tellement pauvres qu'ils ne voient Dieu que sous la forme du pain, alors que d'autres semblent ne croire qu'à la main invisible qui guide le marché[3]. » Son indignation nous secoue. Qui peut demeurer indifférent devant un tel étalage d'injustice ?

---

3. Texte du discours reproduit dans Oscar Arias, « Preface ».

Arias nous interpelle également sur ce que signifie la démocratie alors que près d'un milliard et demi d'humains vivent dans une pauvreté si grande qu'ils se trouvent pratiquement exclus des décisions publiques. Nous sommes devant un cercle vicieux de pauvreté et de marginalisation qui prive des êtres humains non seulement des ressources leur permettant de répondre à leurs besoins les plus élémentaires, mais également de leurs droits fondamentaux.

Cette crise est au cœur de la mondialisation. Comment peut-on créer autant de richesse, avec des moyens inégalés dans l'histoire humaine, et tolérer des injustices si criantes qu'elles laissent une tache morale indélébile sur l'ensemble de l'humanité ? Comment peut-on tolérer qu'un seul enfant meure d'une infection qui peut être guérie par une dose de médicament quatre fois moins coûteuse qu'un café au lait ? Avons-nous perdu la capacité de nous indigner ?

Les accords économiques s'additionnent depuis cinq décennies pour créer un cadre nouveau favorisant une mondialisation fondée sur le libéralisme économique. Bien entendu, le commerce international a été et demeure un puissant moteur de croissance économique et de création de richesse, mais à qui sert cette richesse ? Le commerce et la croissance économique sont-ils en eux-mêmes un but, ou plutôt un moyen pour soutenir le développement humain ? Peut-on mesurer le succès de la mondialisation uniquement par la croissance du commerce et de l'économie ? C'est là le fond même de la question. Et cette question ébranle le socle de la mondialisation actuelle, portée par une foi dans le libéralisme économique qui fait de l'être humain et de l'environnement des facteurs de production au service du marché. Arias s'oppose à cette vision.

La mondialisation doit être au service des êtres humains. La croissance économique ne peut être considérée comme un objectif en soi. Elle doit permettre de mettre un terme à la souffrance massive engendrée par la pauvreté humaine et la destruction des systèmes naturels partout dans le monde. Arias cite Robert Kennedy pour remettre en question nos conceptions du développement économique. Dans un discours célèbre, prononcé quelques semaines avant son assassinat, Kennedy affirmait que la mesure de notre économie, le produit intérieur brut (PIB), était fondamentalement erronée. Le PIB comptabilise les activités qui causent la pollution de l'air et de l'eau, la publicité sur les cigarettes, les accidents d'autos, la construction de prisons et la production de munitions à l'uranium appauvri qui déciment des victimes civiles. Mais elle n'accorde aucune valeur à la qualité de l'air, à la beauté de la poésie, à l'intelligence des débats publics ou à l'intégrité des élus. Le PIB n'accorde aucune valeur au bonheur de nos enfants, à l'existence d'écosystèmes millénaires, à notre sagesse, à notre courage, à notre compassion. En somme, Kennedy affirme que le PIB « mesure tout sauf ce qui fait que la vie vaut la peine d'être vécue[4] ».

---

4. Robert F. Kennedy, « Address », University of Kansas, Lawrence, 18 mars 1968.

Comment en sommes-nous venus à placer au-dessus des êtres humains une institution, le marché, que nous avons nous-mêmes créée ? Pire encore, comment avons-nous laissé le marché dominer nos institutions démocratiques et nos débats publics ? Arias répète que l'économie n'est pas une fin en soi, mais un moyen qui, comme toute institution humaine, devrait servir uniquement à assurer le bien-être des êtres humains et non leur asservissement.

En quelques phrascs, Arias vient de résumer le message des 60 000 personnes qui s'apprêtent à défiler dans les rues de Québec assiégé et d'expliquer pourquoi des milliers d'autres montent aux barricades et réclament d'être entendus par les chefs d'État retranchés dans une forteresse aussi absurde qu'éphémère. Que trente-quatre chefs d'État démocratiquement élus soient contraints de se rencontrer à l'écart des citoyens témoigne d'un bris de confiance entre les élites politiques et économiques et la société civile. Que mon propre gouvernement me lance des gaz lacrymogènes dans ma ville natale est un signe que ma liberté est menacée.

Le bris de confiance était déjà apparu avant 2001 et il reflète le déficit démocratique qui caractérise la mondialisation. Depuis les années 1950, les négociations commerciales internationales, tenues dans le cadre du GATT (General Agreement on Tarifs and Trade), avaient toujours été une affaire de spécialistes, tout comme les rencontres du G7, puis du G8. Plus maintenant.

Le réveil a sonné lors de la rencontre de Seattle en décembre 1999. Celle-ci devait ouvrir un nouveau cycle de négociations commerciales multilatérales parrainées par l'Organisation mondiale du commerce (OMC). Les ministres du Commerce des pays membres de l'OMC qui arrivent dans cette ville du Nord-Ouest américain pour ce qui s'annonce comme une rencontre de négociations ordinaire, sont accueillis par plus de 50 000 manifestants en colère.

Car le contexte a changé au cours des années 1990. Le grand élan de Rio, la multiplication des ONG internationales et l'établissement de réseaux transnationaux ont amené la formation d'une véritable société civile internationale. Devant les impacts sociaux et environnementaux de plus en plus évidents de la mondialisation, et devant un déficit démocratique de plus en plus apparent, les citoyens s'organisent et font entendre leur voix. Le mouvement altermondialiste est né. Et il fait entendre son opposition avec force quelques semaines avant la fin des années 1990. Par la suite, chaque rencontre du G8, de la Banque mondiale, de l'OMC ou du Fonds monétaire international a vu le même affrontement se répéter. Le temps des négociations secrètes est révolu. Les institutions internationales doivent maintenant rendre des comptes aux simples citoyens.

Le déficit démocratique de la mondialisation était bien réel au tournant du millénaire et il s'est même aggravé dans le sillage des attentats du 11 septembre 2001, qui ont renforcé et légitimé une mentalité de siège permanent qui justifie la tenue de négociations en vase clos et les violations des libertés individuelles.

Voici comment le système fonctionne : les citoyens élisent des gouvernements dans des élections où les enjeux liés à la mondialisation sont peu discutés. Ces enjeux demeurent trop complexes et trop diffus dans le temps ou dans l'espace pour être expliqués à fond dans des campagnes électorales. Ils doivent être résumés dans des clips de quinze secondes destinés aux bulletins de nouvelles du soir.

Forts de leurs mandats démocratiques, les gouvernements engagent entre eux des négociations sur des accords commerciaux qui ont pour effet de limiter leur capacité d'agir en matière économique, sociale et environnementale. Ces négociations sont essentiellement réservées aux experts, aux entreprises et aux lobbyistes. Les principes de base sont les suivants : libre circulation des biens, des services, du capital et des personnes. Les acteurs sont choisis. Le programme est établi. Au terme de cet exercice, le citoyen est placé devant un fait accompli. Plus encore, personne ne peut être tenu pour responsable de la mondialisation. Chacun prend part aux décisions qui conduisent au renforcement de la mondialisation, mais *personne* n'en est responsable. Les dirigeants nationaux, lorsqu'ils sont critiqués, rejettent la faute sur la mondialisation, tout comme les entreprises. La mondialisation est une fatalité que nous devons accepter. Elle est à la fois la cause et l'effet de nos actions. Le libéralisme économique est devenu une loi naturelle qui échappe à la volonté des citoyens et des élus. Ainsi, la mondialisation est à la fois le phénomène et l'explication du phénomène. Une boucle qui se referme sur elle-même.

Arias fait valoir qu'on ne peut affirmer que l'objectif suprême de la mondialisation est d'améliorer la qualité de vie des citoyens si, en même temps, on les empêche de participer à la prise de décision concernant la forme à donner à l'économie mondialisée. La mondialisation est devenue une fatalité imposée à des citoyens impuissants, un cercle clos sur lui-même, entretenu par des bureaucraties froides et distantes qui appliquent des règles dictées par l'économie de marché. Le lien de confiance est brisé. Faut-il s'étonner dès lors que les rencontres internationales soient le théâtre d'affrontements systématiques entre le mouvement altermondialiste, constellation colorée et plus ou moins organisée de groupes hétéroclites réclamant une mondialisation plus juste et plus viable, et une armée de fonctionnaires et d'avocats en veston-cravate rédigeant en secret les règles destinées à régir le fonctionnement de nos économies et, par le fait même, de nos sociétés? Un fossé sépare les deux visions de la mondialisation. Alors que celui-ci devrait être comblé par des processus démocratiques, il est plutôt entretenu à grand renfort de mesures de sécurité et de forces policières. Devant ce barrage systématique, le dialogue est impossible. Ou est-ce plutôt parce qu'un dialogue n'est pas souhaité qu'on érige de telles forteresses?

Le Sommet des Amériques de Québec en avril 2001 illustre ce fossé. De part et d'autre d'une zone clôturée de plusieurs kilomètres de circonférence se retrouvent policiers et manifestants, dont une minorité masquée de noir a l'intention de mener des actions violentes. Sur un boulevard René-Lévesque déserté par les véhicules, des dizaines de manifestants font face aux forces de l'ordre avec des slogans, des pancartes et des cris. Les policiers répondent par des lancers réguliers de gaz lacrymogènes destinés à garder les manifestants à distance. Puis, de temps à autre, des incursions de canons à eau et des rafles éclair visant à isoler et à capturer des manifestants.

Au milieu de ce chaos, une jeune fille déguisée en fée distribue des fleurs et des coups de baguette magique aux manifestants. Les hélicoptères éclairent les rues, découpant les trombes de fumée qui s'élèvent dans les airs. Ici un manifestant joue de la guitare, là une journaliste retouche son maquillage. Au loin se profilent les équipements futuristes des forces spéciales. Le cirque de la mondialisation est en ville. Sorte de fausse guerre burlesque. Le spectacle fait salle comble.

Plusieurs rafles ont lieu en fin de soirée après les bulletins de nouvelles, lorsque les journalistes ne sont plus présents pour filmer des opérations particulièrement musclées. Des dizaines de personnes sont embarquées et incarcérées, souvent injustement. Car les forces policières sont autorisées à employer les moyens nécessaires pour assurer la sécurité du Sommet. Un tel déploiement de force, légitimé par les autorités politiques, ne peut qu'entraîner des abus. Et il y en aura un bon nombre.

Sous le prétexte en partie justifié d'assurer la sécurité, les sommets et les autres rencontres internationales se tiendront de plus en plus dans des endroits isolés ou à tout le moins éloignés des manifestants. Ayant dégagé les leçons de Seattle, l'OMC organise sa rencontre ministérielle suivante à Doha, au Qatar, un émirat éloigné et peu démocratique. La rencontre a lieu en novembre 2001 et les manifestants sont tenus à l'écart.

Rien n'a changé une décennie plus tard. En juillet 2010, le gouvernement du Canada reçoit le G8 et le G20 dans la région de Toronto. Cette fois-ci, les journalistes comme les manifestants sont tenus à l'écart. Alors que les délégations se rencontrent à Muskoka, centre touristique de l'Ontario, journalistes et manifestants sont confinés au centre-ville de Toronto, à 169 kilomètres des chefs d'État. Chose des plus sidérantes, on reproduit à Toronto dans une sorte de hangar un lac canadien et un paysage naturel canadien semblable à celui de Muskoka pour accueillir les journalistes.

La sécurité du Sommet est impressionnante. Coût total de l'opération : près d'un milliard de dollars pour les Sommets du G8 et du G20[5]. Un tel déploiement de sécurité n'est pas sans favoriser les abus : des centaines de manifestants pacifiques sont embarqués et retenus, certains pendant plus de vingt-quatre heures, sans que les raisons de leur arrestation leur soient indiquées. Cet événement aboutit à un blâme à l'adresse de l'ombudsman de la province de l'Ontario et au déclenchement de plusieurs enquêtes.

Bien que l'on ait tenté de jeter le blâme sur les policiers qui ont eu la malchance d'avoir été filmés par les manifestants alors qu'ils usaient d'une force disproportionnée, il apparaît clairement que les forces de l'ordre ont agi avec l'accord tacite des gouvernements de l'Ontario et du Canada. Une rafle d'aussi grande envergure requiert une préparation et une autorisation préalable.

Dans les faits, les manifestants de Toronto ont été privés de leurs libertés, non pas parce qu'ils représentaient une menace à la sécurité des délégations, qui sirotaient tranquillement leurs expressos bien à l'abri des cris de ral-

---

5. Steven Chase, « G8/G20 Security Bill to Approach $1 billion », *The Globe and Mail*, 25 mai 2010.

liement altermondialistes, mais parce qu'ils s'opposaient à la nature des discussions qui se tenaient au G8 et au G20. Même dans un pays où les libertés démocratiques sont garanties par la constitution, la mondialisation tolère mal la dissidence. Les manifestants de Toronto sont devenus des prisonniers d'opinion. L'obsession de la sécurité ouvre à des dérives autoritaires qui ont pour effet de fragiliser les bases de notre démocratie.

L'effritement de la démocratie s'est accéléré au Canada depuis l'élection d'un gouvernement néoconservateur à l'américaine qui associe un programme axé sur la loi et l'ordre, une culture du secret, une centralisation du pouvoir au bureau du Premier ministre et une intolérance face à la dissidence qui l'a même amené à qualifier les groupes écologistes d'ennemis de l'État. Ce gouvernement considère les institutions démocratiques comme autant de barrières à la mise en œuvre de ses politiques fortement néoconservatrices. Il consacre une grande partie de ses efforts à affaiblir ces institutions, à marginaliser les voix discordantes et à polariser l'espace public en faisant de tout enjeu de politique publique un enjeu partisan. La droite néoconservatrice nord-américaine a pris les commandes au Canada et elle entend gouverner sans faire de concessions. On assiste maintenant à un affaiblissement sans précédent de la démocratie et à une polarisation de la société canadienne.

Privés de la possibilité de faire entendre leur voix dans le cadre des rencontres internationales et de manifester pacifiquement leur désaccord, comment les citoyens peuvent-ils aujourd'hui s'exprimer? La mondialisation est-elle au-dessus des principes démocratiques chèrement acquis ? Le citoyen doit être replacé au centre de la mondialisation et non pas maintenu de force à la périphérie.

Bon nombre de gens ont réfléchi aux manières de rendre la mondialisation plus transparente et participative. J'ai moi-même eu l'occasion d'écrire en collaboration avec Pierre Marc Johnson des textes prônant des processus participatifs. En 2000, nous disions ce qui suit : « Une incohérence parfois inexplicable caractérise les décisions et orientations des institutions internationales touchant la participation réelle de la société civile à l'élaboration comme à la mise en œuvre des programmes[6]. » Notre réflexion rejoignait celle d'Arias : il faut que la mondialisation soit démocratique, participative et transparente.

L'objectif du symposium que nous avions organisé à Québec en 2001, en partenariat avec l'Institut international du développement durable et l'Union mondiale pour la nature, était de proposer des recommandations qui seraient formulées au Sommet des Amériques par nos présidents, Enrique Leff, David Runnalls et Pierre Marc Johnson[7]. Ces derniers s'étaient vu accorder un temps de

---

6. Pierre Marc Johnson, avec Karel Mayrand, « Au-delà du commerce international », p. 32.

7. Pierre Marc Johnson, Enrique Leff et David Runnalls, « La ZLÉA et l'intégration hémisphérique. Vers une stratégie pour le commerce et le développement durable dans les Amériques », Symposium hémisphérique sur le commerce et le développement durable, Québec, avril 2001, en ligne : www.iisd.org/pdf/2001/trade_qc_policy_fr.pdf

parole d'une vingtaine de minutes au Sommet, un exploit dans les circonstances. Leurs recommandations visaient à rendre les négociations sur la Zone de libre-échange des Amériques (ZLÉA) plus transparentes, participatives et durables. La proposition la plus innovatrice qu'ils aient apportée au Sommet consistait à créer un groupe d'experts de haut niveau dans les domaines du commerce et du développement durable qui assurerait un dialogue permanent et constructif.

L'idée continua de faire son chemin durant le printemps et l'été 2001. Le Canada, en particulier, était prêt à parrainer le concept auprès de ses partenaires dans le cadre des négociations de la ZLÉA. Il trouvait cependant peu d'alliés du côté des pays latino-américains. De plus, la dynamique des négociations commerciales est telle que le pays qui demande la création d'un tel processus doit faire des concessions commerciales pour obtenir l'appui de ses partenaires. Tout se paie dans les négociations commerciales. Il fallait convaincre les deux géants de la ZLÉA : les États-Unis et le Brésil.

Mais le temps nous manquera pour mener à bien ce projet. Un matin de septembre 2001, le monde basculera avec les terribles attentats de New York et de Washington. En l'espace de quelques heures, les enjeux de démocratie, de transparence et de participation dans la mondialisation feront place aux questions de sécurité et de terrorisme.

Pour moi comme pour bien d'autres, le 11 septembre marque une rupture, un point tournant. Il met fin à tout un cycle de travail sur la mondialisation et la participation de la société civile. En raison de l'absence de progrès dans les négociations, la ZLÉA prend bientôt la voie de service.

La présidence de George W. Bush, qui a débuté par un regard vers l'Amérique latine, sera définie par le terrorisme, l'Irak et le Moyen-Orient.

On a beaucoup écrit sur les suites des attentats du 11 septembre 2001. Il ne serait pas exagéré de dire que cet événement a provoqué un déplacement des plaques tectoniques dans le domaine de la mondialisation. Les attentats de New York et de Washington ont freiné le mouvement qui allait dans le sens d'une mondialisation plus humaine et plus participative. Le militarisme et l'action unilatérale ont faire un retour en force.

Les terroristes du 11 septembre ont gagné leur pari : la réponse des États-Unis et d'autres pays, dont le Canada, a mené à une érosion des libertés individuelles et à une obsession de la sécurité qui ont fait reculer nos démocraties. En touchant l'Amérique en son cœur même, ils ont réussi à changer le cours de l'histoire et à rendre les démocraties moins libres que par le passé. Le terrorisme a défini l'ordre du jour politique, changé les rapports de force au sein de nos démocraties et entravé le mouvement en faveur d'une mondialisation citoyenne. Dans un effet de miroir prévisible, l'extrémisme des terroristes du 11 septembre 2001 a entraîné la radicalisation de la société nord-américaine, une montée de l'intolérance, de la peur et de la militarisation. N'est-ce pas justement l'objectif du terrorisme ? Imposer la terreur, et, à travers elle, porter atteinte aux valeurs des sociétés démocratiques ? En se radicalisant comme elle l'a fait, la droite nord-américaine sert la cause des terroristes.

Si je demeure extrêmement critique à l'égard des fanatiques de la droite américaine, je dois m'arrêter ici pour dénoncer une attitude qui était très répandue dans la gauche durant les semaines qui ont suivi le 11 septembre 2001. Combien de fois ai-je entendu des gens se réjouir que les États-Unis aient été attaqués, affirmer qu'ils méritaient ce qui s'était produit et que la violence économique était pire encore que la violence terroriste. J'ai été renversé alors de voir des intellectuels que je respectais accorder plus d'importance à leurs positions idéologiques qu'à la vie de plus de 3 000 innocents. Devant des actes tels que ceux qui ont été commis le 11 septembre, la neutralité est impossible. Ou on accepte le terrorisme en le justifiant au moyen de toutes sortes de constructions idéologiques, ou on le rejette en proclamant que des actes aussi barbares minent les acquis de notre civilisation. Ceux que l'antiaméricanisme rend aveugles deviennent eux aussi des alliés objectifs du terrorisme. À gauche comme à droite, le 11 septembre a mis en relief une grande absence de courage et de vision.

Albert Camus avait suscité une grande controverse lorsqu'il avait déclaré qu'entre la justice et sa mère il choisirait sa mère. Plusieurs intellectuels l'avaient alors qualifié de petit-bourgeois, mais c'était, je crois, manquer l'essence même du propos. En acceptant de tuer au nom de la justice, on crée l'injustice à grande échelle. En ce sens, les idéologues de gauche rejoignent les néoconservateurs qui se battent pour rétablir la peine de mort ou semer des conflits armés aux quatre coins de la planète. La seule justice possible commence par le respect de l'être humain. Point, à la ligne.

Par ailleurs, je continue de croire que l'antiaméricanisme est une maladie intellectuelle trop répandue au sein de la gauche. L'économie de marché dans laquelle nous vivons transcende largement les frontières des États-Unis, et attaquer un seul pays est un signe de paresse intellectuelle. Nous ressentons tous le besoin de désigner des boucs émissaires, de personnifier le mal qui nous entoure, mais rien ne pourra remplacer une analyse rigoureuse des enjeux. Et lorsque l'on fait cette analyse, on se rend vite compte qu'à l'échelle planétaire les pays occidentaux, le Canada en tête, sont très certainement les principaux bénéficiaires des gestes politiques et économiques reprochés aux États-Unis. Jeter le blâme sur les États-Unis, c'est une manière de nous déresponsabiliser. C'est encore le confort et l'indifférence.

Cela n'empêche pas de critiquer les États-Unis, bien au contraire, et la réponse de l'administration Bush au 11 septembre 2001 a donné lieu à une récupération mensongère de l'événement et à l'invention d'une guerre au terrorisme qui a mené aux pires exactions, de la prison de Guantanamo aux tortures commises en Irak. La guerre au terrorisme a justifié tous les reculs sur le front des libertés individuelles et de la décence morale. Le Canada a même accepté qu'un de ses ressortissants, un enfant soldat capturé en Afghanistan, soit jugé comme terroriste à Guantanamo, remettant en question par cette décision des décennies de lutte pour protéger et réhabiliter les enfants soldats.

Tout a été dit sur les mensonges qui ont servi de justification à la guerre en Irak. On se souviendra de l'intervention au Conseil de sécurité de Nations Unies de Colin Powell, secrétaire d'État américain et héros de la première guerre du Golfe, dans laquelle il laissait entendre que non

seulement l'Irak disposait d'armes de destruction massives — qui ne furent jamais trouvées — mais qu'il entre-
tenait également des liens avec Al-Qaïda. On se souvient
aussi de la réponse inoubliable de Dominique de Villepin,
alors ministre des Affaires étrangères de la France, dans
son intervention célèbre du 14 février 2003 : « Dans ce
temple des Nations Unies, nous sommes les gardiens d'un
idéal, nous sommes les gardiens d'une conscience. La
lourde responsabilité et l'immense honneur qui sont les
nôtres doivent nous conduire à donner la priorité au
désarmement dans la paix[8]. » Villepin rappelle ensuite
que la France, qui a vécu les affres de deux conflits mondiaux, continue de se tenir debout face à l'histoire et
devant les hommes et croit toujours à notre capacité collective de construire un monde meilleur. Il s'agit certainement de l'une des plus belles interventions jamais pro-
noncées au Conseil de sécurité.

Il est apparu très tôt que l'appareil militaire américain, avec l'appui des entreprises pétrolières qui ont largement contribué à l'élection du président Bush, s'était
servi du 11 septembre 2001 pour faire valoir ses propres
intérêts. L'invasion de l'Irak n'avait rien à voir avec la
guerre au terrorisme, mais, en faisant l'amalgame des
deux, George W. Bush a réussi à mobiliser l'opinion derrière lui.

Résultat : un eldorado pour ce qu'Eisenhower appelait
déjà le « complexe militaro-industriel » à la fin des

---

8. Dominique de Villepin, Discours au Conseil de sécurité des
Nations Unies, 14 février 2003, en ligne : www.savoiretculture.
com/discours-onu-de-villepin-2003/

années 1950. Une guerre à 1 000 milliards de dollars (860 milliards en 2009 selon le *New York Times*[9]) qui a contribué à créer un déficit historique aux États-Unis. Cette guerre, financée par les contribuables américains, a enrichi un groupe d'entreprises pétrolières et militaires, parmi lesquelles se trouvent Halliburton, entreprise où siégeait le vice-président Dick Cheney, et bien d'autres. L'opération a été un gigantesque transfert des richesses de la classe moyenne vers les actionnaires de ces entreprises. En Irak, on a sacrifié à cette fin non seulement les civils irakiens, mais aussi des milliers de soldats américains, en majorité issus des classes les plus pauvres du pays. Parions que peu d'actionnaires de Halliburton avaient des fils ou des filles qui combattaient dans ce pays.

Dans son discours de Québec, Arias a dénoncé le militarisme et le gigantesque gaspillage de ressources qu'il représente, 780 milliards de dollars US ayant été dépensés en 1999 dans le secteur militaire[10]. Seulement 5 % de cette somme permettrait de garantir l'éducation, la santé, l'alimentation, l'eau potable et l'hygiène à tous les êtres humains. Selon Arias, chaque dollar dépensé en armement représente une occasion manquée d'améliorer la qualité de vie d'un être humain.

En 2010, les dépenses militaires avaient augmenté de plus de 50 % depuis 2001 pour atteindre 1 630 milliards

---

9. James Glanz, « The Economic Cost of War », *New York Times*, 28 février 2009.

10. Oscar Arias, « Preface ».

de dollars US[11], soit plus que le PIB du Canada. Les dépenses militaires n'obéissent à aucune logique. À titre d'exemple, la décision en 2010 du gouvernement Canadien de se procurer des chasseurs F35 au coût de 29,3 milliards de dollars, selon l'estimation du directeur parlementaire du budget, au moment même où le pays est plongé dans une des pires crises économiques et financières de l'histoire[12]. Alors que le pays entre dans une période d'austérité fiscale et s'apprête à couper dans un ensemble de services sociaux, de santé, d'éducation et de soutien aux plus démunis, le gouvernement accorde le plus gros contrat de l'histoire du pays, sans appel d'offres, pour des avions militaires, et de surcroît en temps de paix. Tout est permis en matière de sécurité. Les règles de base de la rigueur budgétaire ne tiennent plus.

Arias a poursuivi son discours en critiquant directement l'idéologie militariste qui s'apprêtait alors à prendre le contrôle de nos démocraties. Il a condamné l'attitude des États-Unis : « Bien que le gouvernement américain aime bien référer aux "valeurs américaines" telles que la démocratie, la liberté et la paix, en menant la charge de la militarisation dans le monde en développement, les États-Unis s'éloignent de leurs propres idéaux[13]. » Cet avertissement retentit avec encore plus de force une décennie

---

11. Stockholm International Peace Research Institute, *Recent Trends in Military Expenditure*.

12. Meagan Fitzpatrick, « F-35 Jets Cost to Soar to $29B: Watchdog », CBC, 10 mars 2011, en ligne : www.cbc.ca/news/politics/story/2011/03/10/pol-pbo-page-fighterjet.html

13. Oscar Arias, « Preface ».

plus tard, après une guerre qui a grandement terni l'image des États-Unis dans le monde.

Au concept traditionnel et dépassé de sécurité militaire, Arias oppose une nouvelle conception, la sécurité humaine. Alors que la sécurité nationale justifie l'usage de la force pour la protection des frontières, la sécurité humaine reconnaît que la pauvreté, la faim et la maladie sont des formes de violence qui n'ont aucune justification. Alors que la sécurité nationale se contente de gérer les conflits, la sécurité humaine nous force à réfléchir de manière holistique aux sources des conflits et de l'instabilité. Pour Arias, la sécurité humaine exige que nous employions nos ressources à satisfaire les besoins réels des gens plutôt que les besoins imaginaires de l'establishment militaire. Il enfonce le clou : « La sécurité humaine reconnaît que la moitié de la population dans certains pays vit dans des bidonvilles, alors que les militaires conduisent des jeeps climatisés dans des parades qui sont une offense à la dignité humaine[14]. »

Arias dénonce deux ans à l'avance les forces militaristes et le cadre d'analyse réducteur qui vont mener à la guerre d'Irak en 2003. Il démontre aussi avec éloquence ce que nous savons aujourd'hui : la guerre en Irak n'a pas apporté plus de sécurité au peuple irakien, durement éprouvé par huit ans de guerre et d'attentats. Si on mesurait les indicateurs de développement de l'Irak depuis 2003, on pourrait constater des reculs majeurs sur le plan du développement humain. Malheureusement

---

14. *Ibid.*

aucune statistique n'a été compilée depuis 1998 dans ce pays ravagé par la guerre.

Conclusion : la sécurité humaine ne se conquiert pas par les armes. Elle se bâtit sur le développement durable. Pour Arias, les ennemis à combattre sont la pauvreté, l'inégalité, l'analphabétisme, la maladie et la destruction de l'environnement. Ces forces envahissent nos sociétés même si nous protégeons nos frontières et elles alimentent la violence et les conflits.

À quoi ressemblerait la sécurité humaine si elle était mise en pratique ? Arias propose un plan simple : réduire les dépenses militaires globales et réinvestir ces sommes dans la santé et l'éducation de manière à soutenir le développement humain. Pour terminer, il souligne qu'un niveau de dépenses militaires élevé est la meilleure manière de perpétuer la pauvreté dans le monde en développement. Puis il ajoute que, dans un monde où les ressources sont si abondantes, la pauvreté ne devrait pas exister.

Au terme de huit années de guerre ruineuse, les États-Unis et l'Irak se sont appauvris. Les dépenses militaires, notamment dans les guerres d'Afghanistan et d'Irak, représentent près de 30 % du budget de l'État américain, qui fait face à un déficit historique de 1 400 milliards. Du côté irakien, une génération a été perdue puisque l'infrastructure du pays en santé et en éducation a pratiquement été détruite. Les indicateurs de développement humain sont en déclin dans tous les pays où des conflits armés sont en cours. Tout effort de développement est vain quand on permet un tel gaspillage de ressources, une telle destruction.

Au terme de la première décennie du présent siècle, on mesure la distance entre les aspirations qui ont accompagné le millénaire et ce qu'il en est advenu dix ans plus tard. L'idéal d'une mondialisation citoyenne, transparente et démocratique s'est échoué sur les tours jumelles du World Trade Center. La décennie 2000 a ensuite été marquée par une suite de reculs sur le front des libertés, de la démocratie et de la paix. En cela, le discours d'Oscar Arias en ce soir d'avril 2001 apparaît comme un signal d'alarme, comme un signe précurseur du saccage qui allait être déclenché quatre mois et demi plus tard par un groupe de terroristes. Il faut des décennies pour bâtir la paix et la démocratie. La guerre se déclenche instantanément, pour peu qu'on lui offre un prétexte.

Arias a apporté à Québec un message de paix, de démocratie et de développement humain. Il fait partie de la courte liste des grands personnages qui donnent une voix au message universel qui affirme notre humanité commune. En conclusion, il convie l'auditoire à poursuivre un idéal de solidarité humaine : « Mes amis [...] gardons en tête le monde que nous voulons créer : un monde avec plus de solidarité et moins d'individualisme, plus d'honnêteté et moins d'hypocrisie, plus de transparence et moins de corruption, plus de foi et moins de cynisme, plus de compassion et moins d'égoïsme. En un mot, un monde avec plus d'amour[15]. »

En ce soir d'avril, alors que des hommes et des femmes s'affrontent dans les rues de Québec, Oscar Arias fait bien

---

15. *Ibid.*

plus que nous entretenir du Sommet des Amériques. Il vient nous fournir l'antidote aux maux qui vont surgir dans la décennie qui commence. Il ne sera malheureusement pas entendu.

4

Wangari Maathaï : semer la liberté

Février 2002. Je suis dans la piscine d'un hôtel du centre-ville de Ouagadougou au Burkina Faso. Dans la brunante, les chauves-souris passent en rase-mottes autour de moi pour attraper les moustiques. Au bord de la piscine, un orchestre joue *L'Été indien* de Joe Dassin. Scène surréaliste gravée à jamais dans ma mémoire. L'Afrique est une autre planète. Un monde qui vous imprègne d'images indélébiles dont les semences aboutissent à des fruits bien des années après s'être enfouies en nous.

Ma première visite en Afrique a eu lieu huit ans avant ma rencontre avec Wangari Maathaï, Prix Nobel de la paix 2004, avec laquelle j'ai eu la chance de dîner en septembre 2009 à Montréal. Maathaï est la seconde des trois comètes qui ont contribué à définir mon engagement en m'apportant un message qui a élargi ma conscience des enjeux de notre planète. Il y a dans son histoire un portrait à l'échelle humaine du destin de l'Afrique, tant dans ses espoirs que dans ses désespoirs.

Pour moi, Wangari Maathaï incarnait le pouvoir

qu'une seule personne peut exercer lorsqu'elle réussit à transmettre à ses concitoyens la conviction qu'ils sont capables de changer les choses. Au cours de sa vie, Maathaï a réussi à convaincre des femmes privées de tout pouvoir qu'il était possible pour elles de prendre leur avenir en main. Elle a vaincu l'impuissance, cette maladie qui sommeille en chacun de nous et qui nous pousse au cynisme et à la résignation. Il n'y avait rien de résigné en Wangari Maathaï, et j'ai puisé en elle un peu de ce qui me permet de continuer à croire à notre capacité collective de changer les choses. Si elle a réussi, contre vents et marées, à transformer des communautés entières en travaillant auprès de femmes privées de tout pouvoir de décision, pourquoi ne pourrions-nous pas nous aussi changer le cours des choses avec tous les moyens qui sont à notre disposition?

Wangari Muta Maathaï est la fondatrice du Greenbelt Movement, mouvement qui mobilise les femmes kenyanes autour d'un objectif simple : la plantation d'arbres. En trente ans, le mouvement en a planté 45 millions dans plusieurs pays d'Afrique[1]. L'intuition de Maathaï est que la plantation d'arbres est un geste simple et peu coûteux qui rapporte rapidement des bénéfices aux femmes qui l'accomplissent. C'est également un puissant outil de mobilisation, d'émancipation et de responsabilisation pour les femmes, il leur permet d'acquérir un fort sentiment de solidarité et d'autonomie. Maathaï refuse de distribuer des semences et propose plutôt aux femmes de recueillir elles-

---

1.   http://greenbeltmovement.org/w.php?id=13

mêmes les graines qui seront semées. L'autonomie du projet, et donc des femmes, doit être complète.

Très rapidement, le mouvement dépasse la plantation d'arbres et prend l'allure d'une véritable force citoyenne qui réclame des réformes démocratiques. Dans son discours d'acceptation du prix Nobel de la paix en 2004, Maathaï affirme que, « même si, initialement, les activités de plantation d'arbres du Greenbelt Movement ne s'étendaient pas aux enjeux de paix et de démocratie, il est rapidement devenu clair que la gouvernance responsable de l'environnement était impossible sans un espace démocratique[2] ». L'idée est valable partout dans le monde : il ne peut y avoir de gestion durable des ressources sans la participation active, démocratique et informée des populations concernées.

Du fait qu'il se déploie en dehors des réseaux officiels entretenus par le pouvoir et de la solidarité inaltérable qu'il crée chez les femmes, le Greenbelt Movement constitue l'un des fers de lance de la contestation qui est à l'origine de la disparition de la dictature au Kenya. Le Greenbelt Movement contribue à provoquer au Kenya le changement fondamental dont l'Afrique a besoin : en combinant éducation des femmes, libertés démocratiques et protection de l'environnement, Maathaï redonne aux Kenyans le contrôle sur leurs ressources et amorce un mouvement de développement qui prend sa source chez les Africains eux-mêmes plutôt que dans une vision pro-

---

2. Wangari Maathaï, Nobel Lecture, Oslo, 10 décembre 2004, en ligne : www.nobelprize.org/nobel_prizes/peace/laureates/2004/maathai-lecture-text.html

cédant des contraintes liées à l'aide au développement ou imposées par les marchés mondiaux. Si la décolonisation a mené à la libération des pays d'Afrique, le Greenbelt Movement s'attaque à libérer les esprits des Africains.

Pour Wangari Maathaï, la déforestation est un symptôme des maux dont souffre son pays et non le problème en soi. Les élites coloniales et les dictatures postcoloniales qui ont dominé pendant un siècle en Afrique ont favorisé l'appropriation des ressources naturelles et, le plus souvent, leur destruction. Le résultat de cette appropriation est la marginalisation des communautés africaines, la destruction de l'agriculture traditionnelle et son remplacement par des cultures commerciales souvent destinées à l'exportation. Au début des années 1970, Maathaï a constaté que les femmes kenyanes manquaient d'eau et de bois de chauffage parce que les forêts avaient été converties en terres agricoles vouées à des cultures commerciales comme le thé et le café. L'agriculture d'exportation a peut-être enrichi les élites, mais elle a appauvri les Africains ordinaires.

Maathaï a constaté aussi que les Kenyanes avaient cessé de croire en leurs capacités et qu'elles avaient développé une culture de la dépendance à la suite de décennies d'appauvrissement, de manque d'éducation et de colonialisme. Dans son discours d'Oslo en 2004, Maathaï a rappelé que son travail avait été difficile au début parce que les Kenyanes étaient convaincues qu'elles n'avaient pas les connaissances et les compétences nécessaires pour prendre leur destinée en main. Des décennies de colonialisme avaient favorisé un sentiment de dépendance qui faisait croire que les solutions ne pouvaient venir que de l'extérieur. Les femmes kenyanes ignoraient également que la raréfaction des ressources forestières et de l'eau, conjuguée à la forte compétition liée à leur exploitation, avait pour effet d'accroître la pauvreté et les conflits. Elles ne savaient pas que les accords économiques internationaux signés à des milliers de kilomètres par des dirigeants qui ne les avaient pas consultées les lésaient gravement.

Le Greenbelt Movement attaque de front cette problématique en se fondant sur les compétences, l'énergie et la solidarité des Kenyanes. Le mouvement reconstruit les liens communautaires brisés par la colonisation, il revalorise les savoirs traditionnels. Bien plus qu'une chaîne de plantation d'arbres, le Greenbelt Movement est une chaîne de solidarité humaine. Une illustration simple mais puissante de ce que devrait être le développement durable.

Le message de Wangari Maathaï est sans équivoque : la liberté et la protection de l'environnement sont indissociables. Les destructions sauvages de l'environnement font suite à l'exploitation des ressources par des intérêts étrangers et s'accompagnent du refus de reconnaître les droits fondamentaux des populations affectées par les impacts environnementaux. Partout sur la planète, la destruction de l'environnement est liée à la répression des populations qui demandent justice. Partout sur la planète, le pillage des ressources se poursuit avec la complicité des marchés et des gouvernements de pays prétendument démocratiques.

Au début de 2002, j'ai accompagné en Afrique à titre d'assistant Pierre Marc Johnson, qui était alors président d'un panel de personnalités éminentes mis sur pied par la secrétaire générale de la Convention des Nations Unies sur la désertification. Ce panel doit produire une déclaration qui sera déposée au Sommet de Johannesburg sur le développement durable en septembre de la même année, dix ans après le sommet de Rio.

Mais voilà que, la veille de notre départ, M. Johnson se voit contraint d'annuler sa participation. Je prends donc courageusement la route pour Paris où je rejoins les autres membres du panel avant notre départ pour Niamey, au Niger. À mon arrivée, je remets au secrétaire général de la Convention, Hama Arba Diallo, la lettre manuscrite cachetée de M. Johnson qui explique les raisons de son absence et qui justifie ma propre présence. Je ne lirai jamais cette missive diplomatique confidentielle, mais je serai par la suite pris en charge et traité avec tous les égards auxquels peut s'attendre un diplomate.

Le panel comprend entre autres Mostafa Kamal Tolba, âgé de quatre-vingts ans, qui a été directeur exécutif du Programme des Nations Unies pour l'environnement (PNUE) pendant dix-sept ans, de 1975 à 1992. Le panel comprend en outre Grant Chapman, sénateur australien, Valerio Calzoialo, député italien, et Jacques Bugnicourt, fondateur en 1972 de l'ONG ouest-africaine ENDA-Tiers-Monde.

Je conserve un souvenir particulièrement excellent de Jacques Bugnicourt, qui me prodiguera des attentions toutes paternelles à la suite de l'infection débilitante due à un virus contracté au début de mon voyage. Jacques Bugnicourt est un pionnier des luttes anticolonialistes, il a participé au mouvement d'indépendance de l'Algérie et s'est établi par la suite au Sénégal. Il arrive à Niamey avec un simple baluchon pour un voyage d'une semaine et il passe la majeure partie de son séjour au Niger à aller en promenade pour parler aux habitants au lieu de prendre part aux rencontres diplomatiques. Il disparaîtra six semaines après notre rencontre, à l'âge de soixante-douze ans, laissant derrière lui un héritage important en Afrique de l'Ouest et un souvenir impérissable dans ma mémoire.

L'arrivée du groupe à Niamey est chaotique, et très rapidement nos bagages sont perdus. On les retrouvera quelques heures plus tard à l'ambassade de France. Le lendemain, nous prenons tous l'avion pour Agadez, au cœur du Niger, où notre rencontre doit se tenir. L'armée nigérienne a nolisé pour nous un Fokker bringuebalant dans lequel le poste de pilotage n'est séparé de la cabine que par une feuille de contreplaqué.

À l'aéroport « international » d'Agadez, la ville entière est venue nous accueillir à grand renfort de chants, de danses et de vendeurs ambulants. Le cirque du développement international arrive en ville. Les figurants jouent leur rôle dans ce drôle de spectacle où plusieurs centaines de personnes en accueillent une douzaine. Le contraste entre le paysage que l'on peut observer vu des airs, aride, monochrome et inhospitalier, et l'accueil coloré et grouillant de vie que nous réservent les habitants d'Agadez a quelque chose de frappant. Tout le paradoxe de la désertification tient dans ce contraste : des communautés humaines vivantes et créatives vivant dans un environnement dégradé et faisant face chaque jour à l'immense défi que représente la survie pour des êtres démunis de tout.

Contrairement à ce qu'on croit généralement, la désertification n'est pas un phénomène d'expansion des déserts, mais plutôt un processus d'appauvrissement des sols dans les zones arides de la planète qui est dû à de multiples facteurs, tels la sécheresse, les changements climatiques, la déforestation et les mauvaises pratiques agricoles, souvent elles-mêmes liées à la pauvreté endémique. La désertification est un cercle vicieux de pauvreté et de dégradation environnementale qui a des effets néfastes sur les populations touchées, qui bien souvent doivent faire face à de l'insécurité alimentaire.

Les zones arides représentent 41 % de la superficie des terres émergées de la planète et 44 % des terres cultivées, et elles abritent un tiers de la population mondiale[3]. D'après l'évaluation des écosystèmes pour le millénaire, 10 à 20 % des zones arides dans le monde sont dégradées à divers niveaux[4]. En Afrique seulement, 500 millions d'hectares de terre sont affectés par la dégradation des sols, ce qui correspond aux deux tiers des terres agricoles productives du continent. Chaque année, de 5 à 6 millions d'hectares de terres arables sont perdues en raison de la désertification[5]. Globalement, on estime les coûts de la désertification à plus de 40 milliards par année en production agricole perdue et en perte de ressources naturelles, alors que les coûts estimés d'une lutte efficace à la désertification sont de 10 à 20 milliards par année[6].

---

3. Pierre Marc Johnson, Karel Mayrand et Marc Paquin (dir.), *Governing Global Desertification*, p. 1.

4. *Ibid.*, p. 2.

5. *Ibid.*

6. *Ibid.*

Il existe une corrélation très forte entre la pauvreté extrême, la dégradation des sols et l'agriculture de subsistance dans le monde. La corrélation est encore plus forte dans les zones arides rurales de la planète. Dans le monde, plus de 1,2 milliard de personnes vivent dans une pauvreté extrême, et 900 millions d'entre elles vivent dans des zones rurales où leur gagne-pain dépend de la consommation et de la vente de produits provenant de la nature. Près des deux tiers de ces populations pauvres rurales vivent dans des zones vulnérables sur le plan écologique. De ces populations, une grande proportion vit dans des zones arides, et 250 millions de personnes sont directement affectées par la désertification[7].

Une corrélation analogue existe également entre l'insécurité alimentaire, l'agriculture de subsistance et la vulnérabilité écologique. Dans le monde, plus de 850 millions de personnes souffrent de malnutrition, et une large proportion d'entre elles sont des paysans. L'insécurité alimentaire est particulièrement élevée dans les régions isolées où la production vivrière est affectée par des conditions économiques, environnementales ou climatiques défavorables. À l'échelle planétaire, on estime que 44 % des enfants victimes de malnutrition vivent dans les zones arides rurales et que la moitié des victimes de malnutrition sont des paysans. On peut conclure que, dans le monde, un pourcentage significatif des personnes vivant dans une extrême pauvreté et dans l'insécurité alimentaire sont des paysans qui subissent les pressions résultant de la margi-

---

7. *Ibid.*

nalisation socioéconomique et de la dégradation des ressources écologiques qui assurent leur subsistance[8].

La désertification est une des causes fondamentales de la pauvreté et de la faim, puisqu'elle est intimement liée aux rendements agricoles qui déterminent les niveaux de sécurité alimentaire et de revenus des paysans. Selon la FAO, 2,5 milliards de personnes dépendent de l'agriculture pour leur survie[9]. La quasi-totalité vit dans les pays en développement. Dans ce contexte, la réduction de la pauvreté dépend fortement de l'amélioration du rendement de la production de ces agriculteurs de subsistance. Une augmentation de 1 % des rendements diminue dans la même proportion le nombre de personnes vivant avec moins d'un dollar par jour[10].

Les stratégies de réduction de la pauvreté doivent donc comporter des mesures destinées à lutter contre la désertification et à établir des pratiques agricoles durables. La lutte à la désertification permet d'accroître la productivité des sols, et par conséquent de réduire la pauvreté dans les régions arides où se concentre une grande partie des populations les plus pauvres du monde.

Au moment de l'engagement des négociations com-

---

8. *Ibid.*

9. *Ibid.*, p. 178.

10. Karel Mayrand, Marc Paquin et Stéphanie Dionne, *From Boom to Dust? Agricultural Trade Liberalization, Poverty, and Desertification in Rural Drylands. The Role of UNCCD*, Montréal, Unisfera International Centre, 2005, p. 7.

merciales du cycle de Doha parrainées par l'OMC à l'automne 2001, nombreux furent ceux qui déclarèrent que ce cycle de négociations serait surtout consacré au développement. Pour défendre son point de vue, l'OMC a allégué que la libéralisation des échanges en agriculture permettrait aux paysans des pays pauvres d'avoir accès aux marchés des pays riches.

Il est vrai que la guerre commerciale que se livrent l'Europe et les États-Unis depuis des décennies à grands renforts de subventions et de barrières commerciales affecte les paysans du Sud. Grâce aux subventions massives allouées à l'agriculture, l'Europe et les États-Unis ont des surplus importants qui sont écoulés sur les marchés mondiaux, ce qui contribue à faire baisser les prix des denrées. Les subventions à l'exportation, en particulier, ont souvent mené à un véritable *dumping* de produits agricoles sur les marchés des pays pauvres.

Considérons la chose du point de vue d'un paysan ouest-africain. Celui-ci associe agriculture de subsistance et production commerciale, c'est-à-dire qu'il vend ses surplus sur les marchés locaux. L'arrivée soudaine de denrées à faible prix en provenance des pays riches rend sa récolte non concurrentielle et a pour effet de le priver de revenus essentiels. Le paysan africain ne peut concurrencer les grands conglomérats européens et nord-américains sur son propre marché. Son but n'est pas d'accéder au marché mondial, mais plutôt d'obtenir un prix stable pour ses récoltes sur les marchés locaux.

L'OMC continue de fonctionner dans un cadre de libéralisation des échanges agricoles qui ne tient tout simplement pas la route pour les paysans africains. L'accès aux marchés mondiaux requiert du capital, des infrastructures d'entreposage et de distribution ainsi que des qualifications que les petits paysans n'ont pas. Les expériences de libéralisation des échanges ont toutes abouti à une consolidation de la production agricole qui a eu pour effet de créer des fermes commerciales de plus grande taille, de concentrer la propriété des terres entre les mains d'un plus petit nombre de producteurs et de remplacer l'agriculture traditionnelle par une production industrielle destinée à l'exportation. Les paysans propriétaires se font ouvriers agricoles ou migrent vers les centres urbains où ils vont s'amasser dans les bidonvilles. Les meilleures terres du pays sont réservées à l'agriculture d'exportation et des pays auparavant autosuffisants sur le plan alimentaire deviennent importateurs nets. Pour financer l'importation de nourriture, on vend maintenant du coton, du café, du cacao ou d'autres produits sur les marchés mondiaux.

Ce faisant, la libéralisation des échanges rend les pays pauvres et les populations les plus pauvres de ces pays très sensibles aux fluctuations du prix des denrées agricoles sur les marchés mondiaux. Une baisse du prix du coton aura un impact très important sur un pays comme le Burkina Faso, qui tire une grande partie de ses revenus de l'exportation de cette fibre textile. En fait, le marché mondial a remplacé le climat comme facteur principal de la variation des revenus des paysans.

Cette vulnérabilité est accentuée par le fait que plusieurs pays en développement tirent une partie significative de leurs revenus de l'exportation de produits agricoles. D'après la FAO, 43 pays en développement assurent avec une seule denrée agricole 20 % de leurs revenus d'exportation[11]. La plupart de ces pays sont situés en Afrique subsaharienne, en Amérique latine et dans les Caraïbes et dépendent de produits comme le sucre, le café, le coton et les bananes. La plupart font face à une pauvreté endémique. Une chute de prix d'une seule de ces denrées peut plonger ces pays dans une crise financière grave.

Un autre aspect essentiel est souvent occulté. Le marché agricole global est dominé par de grands conglomérats qui contrôlent souvent une part importante de la chaîne de production mondiale. Ces oligopoles fortement intégrés utilisent leur position dominante pour exercer une pression à la baisse sur les prix versés aux producteurs des pays en développement et une pression à la hausse sur les prix payés par les consommateurs. Placés entre le paysan africain et le consommateur européen, de grands conglomérats accaparent l'essentiel de la chaîne de valeur de la production agricole. Les paysans reçoivent une portion minime du prix final du produit.

Compte tenu de ce qui précède, on peut affirmer que la libéralisation des échanges en agriculture est loin d'être une solution miracle pour sortir le monde en développement de la pauvreté. Au contraire, elle expose les populations rurales les plus pauvres à des chocs qui mettent en péril leur sécurité alimentaire et qui rendent leurs revenus encore plus instables. Comme l'affirme Wangari Maathaï, « aussitôt que les paysans s'engagent dans des cultures commerciales, ils creusent leur propre tombe[12] ». Elle a

---

11. *Ibid.*, p. 11.
12. Michelle Kovacevic, 4 décembre 2011, en ligne : http://blog.

compris que le commerce international prive les paysans de la garantie d'un revenu raisonnable, juste et stable. Le cycle du développement dont on se sert pour justifier les négociations commerciales supervisées par l'OMC est un leurre.

Mon séjour à Agadez au Niger en février 2002 me fournit également l'occasion de me familiariser avec le système international d'aide au développement. La seconde journée de notre voyage, un jet du gouvernement luxembourgeois se pose à Agadez avec son cortège de ministres, de fonctionnaires et de journalistes. Arrivés le matin, ils repartent le soir même, non sans avoir fait le plein de photos et de vidéos pour consommation ultérieure.

Les Africains les accueillent à bras ouverts : un grand banquet est tenu pour célébrer la coopération luxembourgeoise. Un mouton est abattu pour le repas. Des guerriers touaregs interprètent des danses traditionnelles pour leurs invités. Un groupe musical chante des chansons sur chacun des thèmes privilégiés par la coopération luxembourgeoise : « Voici une chanson sur la prévention du SIDA. » « Voici une chanson sur l'artisanat africain. » « Cette chanson est dédiée à la femme africaine. »

Assis à une table ou je suis le seul non-Africain, je suis éberlué par le spectacle ridicule qui se déroule devant moi : le développement international transformé en

---

cifor.org/5708/global-forest-community-commemorates-the-life-and-work-of-wangari-mathaai-and-she-issues-a-final-challenge/

voyage touristique au bénéfice des caméras du Luxembourg. Me voyant complètement dérouté, les Africains présents me sourient discrètement. Ils connaissent les règles du développement international et sont prêts à jouer le jeu. En échange d'aide au développement, ils offrent aux pays donateurs ce qu'ils veulent : de bien belles images, des poignées de mains et des sourires.

Pour comprendre l'aide au développement, il est nécessaire de comprendre ce qui pousse les pays développés à offrir une aide financière aux pays pauvres. D'énormes intérêts économiques sont en jeu, souvent aussi des intérêts stratégiques. Mais le soutien des citoyens des pays riches est essentiel pour justifier qu'une part même infime des ressources d'un pays soit versée en aide au développement. C'est pour cette raison que l'accueil réservé à la délégation luxembourgeoise est important. Au retour, les images d'une Afrique dynamique et reconnaissante serviront à convaincre les Luxembourgeois de continuer à soutenir l'aide à l'Afrique. Peu importe que ces images soient fausses, qu'elles constituent de la propagande, tous acceptent de faire partie de cette production à grand déploiement.

Le lendemain de ce banquet, l'armée nigérienne nous escorte jusqu'à une oasis où une plantation de palmiers-dattiers est entretenue par un groupe de femmes. Le manège reprend : chacun d'entre nous est invité à se faire photographier en train de planter un arbre. Le trou est creusé. Les pousses sont prêtes, et une femme nous nettoie les mains dès que la photo est prise. L'homme blanc ne se salira pas les mains à travailler avec les Africains. Le rituel me met profondément mal à l'aise, et après avoir tenté de m'y soustraire, j'accepte moi aussi de planter un arbre pour éviter de vexer nos hôtes.

À ma descente de l'autocar, un groupe d'enfants s'agglutine autour de moi pour me toucher, me tenir par la main. Je suis jeune, blanc, blond aux yeux bleus et j'exerce sur eux une fascination qui me déconcerte. Ils sont au moins douze à me demander : « Missieu, cadeau ? » Les gens commencent très jeunes à mendier dans ce pays, le plus pauvre de la planète. Qui pourrait reprocher leur attitude à ces enfants qui savent que leur avenir dépend en grande partie des cadeaux donnés par ces hommes blancs qui viennent de pays qu'ils ne verront jamais ? C'est précisément à ce cycle de la dépendance que Maathaï s'attaque avec le Greenbelt Movement.

Au retour, nous nous arrêtons dans une oasis qui a été créée grâce à un projet de coopération. Au milieu de l'oasis, la température est idéale. La canopée des arbres crée des zones d'ombre, et la respiration de la forêt apporte une humidité rafraîchissante. Contraste saisissant avec l'air sec et brûlant du désert à quelques centaines de pas à peine.

La plantation de palmiers-dattiers est viable au milieu du désert parce qu'un puits a été creusé et qu'il est alimenté par une pompe électrique. Le sous-sol du Niger regorge d'eau, mais les Nigériens manquent de ressources pour creuser des puits qui leur fourniraient l'eau nécessaire pour irriguer les plantations d'arbres et les terres agricoles. À l'autre bout du monde, on peut développer des villes comme Las Vegas ou Phoenix en plein désert. Ici on n'a pas même les moyens de creuser quelques puits. Le drame du Niger, ce n'est pas le manque d'eau, c'est la pauvreté. La désertification peut être combattue efficacement, mais les pays du Sahel n'ont simplement pas accès aux ressources financières et aux technologies qui leur permettraient d'enrayer ce fléau.

L'économiste Jeffrey Sachs affirme depuis plusieurs années que les pays les moins avancés de la planète, c'est-à-dire une cinquantaine de pays les plus pauvres du monde, situés pour la plupart en Afrique, sont durablement installés dans la pauvreté. Les théories économiques traditionnelles soutiennent qu'un pays se développe en accumulant un surplus de richesse grâce à l'agriculture ou en important des capitaux de l'étranger. Étant donné que la sécheresse règne constamment au Sahel, les rendements agricoles ne permettent pas de générer des surplus. C'est donc des marchés internationaux que les capitaux devraient provenir. Mais les pays les plus pauvres ne possèdent pas les infrastructures nécessaires pour accueillir et rentabiliser les investissements. Résultat : la pauvreté se perpétue. Sachs soutient qu'un investissement massif, ou *big push*, dans l'aide au développement est nécessaire pour faire démarrer l'économie de ces pays, sans quoi ceux-ci ne pourront jamais sortir de l'indigence[13].

Or, justement, l'aide au développement dans le monde est beaucoup trop faible pour provoquer un décollage dans les pays les moins avancés. En 2010, les flux nets d'aide au développement dans le monde atteignaient un montant record de 128,7 milliards de dollars US, soit

---

13. Voir Jeffrey Sachs, *The End of Poverty: Economic Possibilities for Our Time*, New York, Penguin Press, 2005.

l'équivalent de 0,32 % de l'économie des pays donateurs[14]. En d'autres termes, les pays riches donnent 32 cents pour chaque tranche de 100 dollars de richesse créée, ce qui est bien insuffisant pour avoir un impact réel sur le monde en développement. C'est également moins de la moitié de ce qu'ils se sont engagés à fournir aux pays pauvres il y a plus de trente ans, soit 0,70 % de leur richesse nationale. On doit cependant se réjouir que l'aide ait augmenté de manière significative depuis les années 1990.

Une des propositions les plus innovatrices pour augmenter les montants destinés à l'aide au développement consiste à instaurer une taxe sur les transactions financières internationales. Cette proposition, formulée en 1972 par le Nobel d'économie James Tobin, visait à diminuer la spéculation sur les marchés financiers. Or, une taxe sur les marchés financiers, si infime soit-elle, engendrerait des revenus faramineux, étant donné l'énormité du volume des transactions. En avril 2011, mille économistes ont écrit aux ministres des finances du G20 pour leur demander d'instituer une taxe sur les transactions financières internationales. Dans leur lettre, les économistes affirment que « la crise financière nous a démontré les dangers de la finance déréglementée, et le lien entre le secteur financier et la société a été brisé. Il est temps de réparer ce lien, et de faire en sorte que le secteur financier redonne quelque chose à la société[15] ». La lettre

---

14. OCDE, « L'aide au développement atteint un niveau historiquement élevé en 2010 », en ligne : www.oecd.org/document/35/0,3746,fr_2649_34447_47516797_1_1_1_1,00.html

15. Heather Stewart, « World Economists Urge G20 Ministers to

affirme que la taxe est techniquement réalisable et moralement défendable.

L'impact sur l'économie de l'aide offerte dépend à la fois de son importance et de la manière dont elle est distribuée géographiquement. Or, l'aide au développement se concentre souvent dans des pays comme l'Irak et l'Afghanistan où les pays développés ont des intérêts stratégiques. En 2010, les dix pays qui ont reçu le plus d'aide au développement étaient l'Irak, l'Afghanistan, l'Éthiopie, la Palestine, le Vietnam, le Soudan, la Tanzanie, l'Inde, le Bangladesh et la Turquie. Tous ces pays ont une valeur stratégique et seulement trois d'entre eux sont africains[16]. En 2009, l'Afrique recevait un peu plus de 37 % de l'aide internationale, et la plus grande partie de celle-ci était distribuée en Afrique subsaharienne où se concentre la pauvreté la plus criante[17]. Globalement, les pays les moins avancés, qui ont les besoins les plus pressants, se partageaient environ le tiers de l'aide internationale en 2007[18].

En 2005, au Sommet du G8 à Gleneagles en Angleterre, alors que Bob Geldof et sa bande donnaient le

Accept Robin Hood Tax. 1,000 Number-Crunchers Have Written to Policymakers Asking Them to Impose Levy on City Speculators to Help Poor », *The Guardian*, 13 avril 2011.

16. OCDE, en ligne : www.oecd.org/countrylist/0,3349,en_2649_34447_25602317_1_1_1_1,00.html

17. OCDE, « Development Aid at a Glance. Statistics by Region. Africa. 2011 Edition », en ligne : www.oecd.org/dataoecd/40/27/42139250.pdf

18. Nations Unies, « World Economic Situation and Prospects 2010. Global Outlook », New York, 2009, p. 85.

concert planétaire *Live 8* pour sensibiliser les leaders et les populations des pays riches aux besoins de l'Afrique, les pays développés ont promis d'augmenter l'aide au développement de 50 milliards de dollars US, dont la moitié devait aller à l'Afrique[19]. Selon les Nations Unies, le manque à gagner en 2010 pour atteindre cette cible était de 20 milliards US, dont 14 milliards pour l'Afrique seulement[20]. Il est clair que les engagements pris envers l'Afrique n'ont toujours pas été tenus puisqu'elle n'a reçu que 44 % de l'aide promise. De plus, une partie importante de l'aide à l'Afrique consiste en une aide humanitaire ou en un allégement de la dette, des formes importantes d'aide au développement, mais qui ne représentent pas grand-chose pour les paysans et les populations les plus pauvres.

La coordination des objectifs de l'aide au développement représente un défi pour la communauté internationale. Au début du millénaire, l'Assemblée générale des Nations Unies a adopté les Objectifs du millénaire pour le développement par lesquels elle visait à diminuer considérablement la pauvreté dans le monde d'ici 2015.

Le premier objectif du millénaire est de réduire l'extrême pauvreté et la faim. D'après le Programme des

---

19. Programme des Nations Unies pour le Développement, Millennium Project, en ligne : www.unmillenniumproject.org/press/g8overview.htm#02

20. Nations Unies, « We Can End Poverty 2015. Goal 8. Develop a Global Partnership for Development. Fact Sheet », septembre 2010, en ligne : www.un.org/millenniumgoals/pdf/MDG_FS_8_EN.pdf

Nations Unies pour le développement (PNUD), le nombre de personnes vivant sous le seuil de pauvreté international, fixé à 1,25 dollar US par jour, a été ramené de 1,8 milliard à 1,4 milliard entre 1990 et 2005, et devrait être de 920 millions en 2015, ce qui permettrait de réduire de moitié l'extrême pauvreté, comme se l'était fixé l'ONU. En 2008, 26 % des enfants de moins de cinq ans souffraient de malnutrition dans les pays en développement, alors que cette proportion était du tiers en 1990. Des progrès sont donc enregistrés à ce chapitre[21].

Un second objectif du millénaire est d'assurer l'éducation primaire pour tous. Cela consiste à faire en sorte que tous les enfants, garçons et filles, partout dans le monde, aient les moyens d'achever un cycle complet d'études primaires. Bien que des progrès importants aient été réalisés dans le monde et qu'on ait atteint un taux de scolarisation de 89 % en 2008, comparativement à 83 % en 2000, la progression est sans doute trop lente pour que l'objectif soit atteint d'ici 2015. La moitié des enfants non scolarisés habitent l'Afrique subsaharienne[22].

Le troisième objectif du Millénaire vise à promouvoir l'égalité des sexes et l'autonomisation des femmes. L'ONU voulait avec cet objectif éliminer les disparités entre les sexes dans les enseignements primaire et secondaire

---

21. Programme des Nations-Unies pour le développement, en ligne : www.beta.undp.org/content/undp/en/home/mdgoverview/mdg_goals/mdg1/Where_do_we_stand.html

22. Nations Unies, « We Can End Poverty 2015. Goal 2, Achieve Universal Primary Education. Fact Sheet », septembre 2010, en ligne : www.un.org/millenniumgoals/pdf/MDG_FS_2_EN.pdf

en 2005, si possible, et à tous les niveaux de l'enseignement en 2015, au plus tard. Selon le PNUD, les écarts entre les sexes ont diminué en ce qui a trait à l'accès à l'éducation primaire (96 filles pour 100 garçons) et secondaire (95 filles pour un garçon), mais ils demeurent importants au niveau universitaire. Les emplois rémunérés demeurent également plus accessibles aux hommes[23].

Un quatrième objectif est de réduire des deux tiers, entre 1990 et 2015, le taux de mortalité des enfants de moins de cinq ans. Ce taux est passé dans les pays pauvres de 100 décès pour 1 000 naissances vivantes en 1990 à 72 en 2008. À l'échelle mondiale, le nombre total de décès d'enfants de moins de cinq ans a été ramené de 12,5 millions en 1990 à 8,8 millions en 2008. En Afrique subsaharienne, un enfant sur sept n'atteint pas l'âge de cinq ans[24].

Corollairement au précédent objectif, l'ONU souhaite diminuer des trois quarts le taux de mortalité maternelle entre 1990 et 2015, et de rendre la médecine procréative universellement accessible en 2015. Plus de 350 000 femmes meurent chaque année de complications liées à la grossesse ou à l'accouchement, laissant chaque année un million d'enfants orphelins. Ceux-ci ont dix fois plus de chances de mourir prématurément que les autres. Une femme sur 30

23. Nations Unies, « We Can End Poverty 2015. Goal 3. Promote Gender Equality and Empower Women. Fact Sheet », septembre 2010, en ligne : www.un.org/millenniumgoals/pdf/MDG_FS_3_EN.pdf

24. Nations Unies, « We Can End Poverty 2015. Goal 4. Reduce Child Mortality. Fact Sheet », septembre 2010, en ligne : www.un.org/millenniumgoals/pdf/MDG_FS_4_EN.pdf

vivant en Afrique subsaharienne meurt durant sa grossesse, comparativement à une femme sur 5 600 dans les pays développés. Le taux de mortalité maternelle ne diminue que lentement, et par conséquent la cible de l'ONU ne sera vraisemblablement pas atteinte[25].

Les Objectifs du millénaire visent à stopper la propagation du VIH/sida d'ici 2015, à donner un accès universel aux traitements contre la maladie d'ici 2010 et aussi à endiguer le paludisme et d'autres grandes maladies d'ici 2015. Selon le PNUD, la propagation du VIH dans le monde semble avoir atteint un sommet en 1996, avec 3,5 millions de nouvelles infections. En 2008, ce chiffre n'était plus que de 2,7 millions environ. La mortalité liée au sida a atteint un sommet en 2004 avec 2,2 millions de décès et a été ramenée à 2 millions en 2008. Soixante-douze pour cent de toutes les nouvelles infections au VIH en 2008 ont été observées en Afrique subsaharienne. Pas moins de 33,4 millions de personnes vivaient avec le VIH en 2008, dont les deux tiers en Afrique subsaharienne. On estime par ailleurs à 243 millions le nombre de cas de paludisme en 2008, avec 863 000 décès, 89 % d'entre eux ayant été enregistrés en Afrique[26].

L'objectif 7 consiste à assurer un environnement

25. Nations Unies, « We Can End Poverty 2015. Goal 5. Improve Maternal Health. Fact Sheet », septembre 2010, en ligne : www.un.org/millenniumgoals/pdf/MDG_FS_5_EN_new.pdf

26. Nations Unies, « We Can End Poverty 2015. Goal 6. Combat HIV/AIDS, Malaria and Other Diseases. Fact Sheet », septembre 2010, en ligne : www.un.org/millenniumgoals/pdf/MDG_FS_6_EN.pdf

durable. Les deux cibles les plus concrètes fixées par l'ONU pour cet objectif sont de réduire de moitié, d'ici 2015, le pourcentage de la population qui n'a pas accès de façon durable à un approvisionnement en eau potable et à un système d'assainissement de base, et d'améliorer sensiblement, d'ici 2020, la vie d'au moins 100 millions de personnes vivant dans des taudis. Il semble assuré que le monde atteindra la cible sur l'accès à l'eau potable si la tendance actuelle se maintient, mais la cible sur l'assainissement sera vraisemblablement manquée. En 2008, 884 millions de personnes n'avaient pas accès à l'eau potable, et 2,6 milliards à l'assainissement. D'autre part, plus de 200 millions de personnes ont vu leur habitation s'améliorer. Cependant, selon le PNUD, ces améliorations ne sont pas assez rapides pour compenser le nombre croissant de ceux qui vont grossir les rangs des pauvres dans les villes. En effet, 828 millions de personnes vivent toujours dans des bidonvilles. L'ONU vise également à enrayer la dégradation de l'environnement et à réduire la perte de la biodiversité dans le monde, mais ces objectifs ne sont pas assortis de chiffres précis. L'ONU souligne que 17 000 espèces sont menacées sur terre[27].

Enfin, les Objectifs du millénaire consistent à mettre en place un partenariat mondial pour le développement. Il s'agit de déterminer les moyens à utiliser pour atteindre les précédents objectifs. Les cibles privilégiées sont notamment de répondre aux besoins particuliers des pays

---

27. Nations Unies, « We Can End Poverty 2015. Goal 7. Ensure Environmental Sustainability. Fact Sheet », septembre 2010, en ligne : www.un.org/millenniumgoals/pdf/MDG_FS_7_EN.pdf

les moins avancés, des pays sans littoral et des petits États insulaires en développement, de traiter de la dette des pays en développement, de promouvoir le commerce international et l'accès aux technologies, et de rendre les médicaments essentiels accessibles aux pays en développement. Sous la pression des pays riches, l'ONU se garde de fixer une cible précise à atteindre pour l'aide au développement. Le PNUD note que le taux de 0,31 % du revenu national combiné des pays donateurs est inférieur aux attentes[28].

Les objectifs du millénaire pour le développement sont très fortement inspirés du concept de développement humain dont j'ai discuté au chapitre précédent. Les OMD recentrent le développement sur les personnes en mettant l'accent sur la satisfaction des besoins de base des populations les plus pauvres de la planète, satisfaction sans laquelle tout développement demeure impossible.

On peut tracer un parallèle intéressant entre le cheminement de Wangari Maathaï et les OMD. Les OMD sont fortement axés sur les besoins des femmes, des enfants et des plus pauvres, avec une certaine concentration des efforts sur l'Afrique subsaharienne. La femme est au centre du développement humain favorisé par les OMD. L'Afrique est l'épicentre de la lutte à la pauvreté. Le développement de l'Afrique doit être axé sur sa ressource la plus importante : sa population. Maathaï a lancé vingt-

---

28. Nations Unies, « We Can End Poverty 2015. Goal 8. Develop a Global Partnership for Development. Fact Sheet », septembre 2010, en ligne : www.un.org/millenniumgoals/pdf/MDG_FS_8_EN.pdf

cinq ans avant les OMD un mouvement qui soutenait mieux que tout autre le développement humain préconisé en 2000.

Dans le cours sur l'environnement et le développement international que j'ai donné en 2006 à l'Université de Sherbrooke, j'ai eu la chance de compter parmi mes étudiants une jeune Malgache qui avait parcouru plus de 10 000 kilomètres avant d'aboutir dans ma classe. À mes étudiants québécois qui peinaient à se faire une idée concrète du développement humain et de ses indicateurs, j'avais suggéré de considérer ces statistiques : 6 % des enfants malgaches mouraient avant l'âge de cinq ans en 2009, et moins d'une fille sur trois avait accès aux études secondaires[29]. Les probabilités qu'une fille malgache accède à des études universitaires outremer sont probablement de moins de une sur dix mille. Les étudiants ont découvert leur compagne d'études sous un nouveau jour et ils ont mesuré l'énorme obstacle que doivent surmonter les enfants des pays en développement pour accéder à l'éducation et au développement.

Wangari Maathaï a pu suivre des études universitaires au Mount St. Scholastica College, aux États-Unis, grâce à une bourse. Contrairement à des milliers d'autres qui demeurent dans leur pays d'accueil, elle est revenue au Kenya et est devenue un pilier du développement durable et de la démocratisation dans son pays. Peut-on imaginer un investissement plus rentable dans le développement

---

29. Unicef, voir www.unicef.org/infobycountry/madagascar_statistics.html

que cette simple bourse qui a ouvert les portes du savoir à une leader africaine? Combien d'autres talents insoupçonnés sommeillent au cœur de ce continent?

Le développement humain doit se baser sur les forces vives de l'Afrique. Entre commerce international et aide au développement, les pays africains se voient imposer des règles de l'extérieur, soit par un marché mondial qui les rend plus vulnérables et dépendants, soit par l'aide au développement, laquelle est d'ailleurs insuffisante et offerte comme une aumône assortie de conditions. Se cachent derrière ces deux systèmes des liens postcoloniaux qui fixent aux pays africains des priorités qui ne correspondent pas à leurs besoins et des règles qui les désavantagent.

Je me souviens de la page d'accueil du site web de la Banque mondiale en 2006 qui annonçait avec fierté qu'Internet haute vitesse était désormais accessible en Sierra Leone, le pays le plus pauvre du monde après le Niger, cette année-là. Tout dans ce pays manquait : santé, éducation, accès à l'eau potable, sécurité. L'Internet haute vitesse était certainement la dernière priorité du pays. Pourtant, pour la plus grande satisfaction des compagnies de services informatiques, des millions de dollars avaient été investis dans le but de pourvoir aux besoins de coopérants vivant dans des habitations confortables et se déplaçant dans des jeeps Toyota climatisées.

En 2002, le billet de l'avion qui m'avait amené au Niger avait coûté plus de 5 500 euros, soit le revenu annuel moyen de huit Nigériens. Je ne pouvais m'empêcher de penser que cet argent aurait pu servir à creuser un puits, à reboiser des terres dégradées, à offrir une éducation à ces garçons qui cherchaient à me tenir la main. J'estime encore que j'ai une dette envers eux.

Nous sommes devenus insensibles à la pauvreté, pourtant l'une des formes les plus inacceptables de la détresse humaine, puisqu'elle peut être enrayée. Que l'on puisse encore laisser des enfants mourir sur cette planète parce qu'ils n'ont pas accès à des vaccins, à de l'eau potable ou même à de la nourriture, dépasse l'entendement. Les ventes combinées de Viagra et de Cialis ont atteint près d'un milliard de dollars US en 2010[30]. Une infime proportion de ce montant investi en vaccins sauverait des milliers de vies chaque année. Le problème n'est pas le manque de ressources, mais leur distribution, dans les pays pauvres et à l'échelle mondiale.

Wangari Maathaï affirme que, tant que les ressources ne seront pas gérées correctement et qu'elles ne seront pas partagées équitablement, nous serons menacés. Au Kenya, la conversion de forêts en terres agricoles à des fins d'exportation avait privé des communautés entières de bois de chauffage et d'eau potable. Maathaï raconte que les rivières étaient devenues rouges, qu'elles étaient chargées des sédiments d'une terre que les communautés protégeaient depuis des générations.

Le Greenbelt Movement a renversé la situation. Les soldats qui tiraient sur les communautés qui cherchaient

---

30. Jim Edwards, « Hard Luck: Why Viagra Is About to Lose Its No. 1 Status to Cialis », CBS News, 9 février 2011, en ligne : www.cbsnews.com/8301-505123_162-42847351/hard-luck-why-viagra-is-about-to-lose-its-no1-status-to-cialis/

à protéger leurs ressources plantent maintenant des arbres. Ils ne défendent plus la propriété et le développement économique, ils défendent maintenant les forêts et les communautés qui en vivent. Pour protéger l'environnement il a fallu rétablir la démocratie et faire parler le peuple. Combien d'autres pays, mêmes développés, voient-ils encore leurs ressources bradées au profit d'une minorité ? Le Canada et le Québec sont-ils bien différents de ces pays pauvres si on considère que des forages pétroliers et gaziers nuisibles à l'environnement et à la santé sont imposés à la population ?

Combien de défenseurs de l'environnement et de la justice se font encore aujourd'hui réduire au silence par des États qui se livrent à des saccages écologiques ? Combien d'entreprises reprochent aux défenseurs du développement durable de s'opposer à la création de richesse alors qu'elles laissent derrière elles des terres brûlées, devenues impropres à tout genre de culture qui assurerait la survie des populations ?

Dans *Anthem,* Leonard Cohen chante : « *There is a crack in everythin' / That's how the light gets in.* » Maathaï a trouvé la fissure dans le mur par où la lumière peut entrer. En plantant un arbre, on peut créer une forêt. Par le souffle de notre voix, on peut déclencher une tempête.

Dans son discours d'Oslo en 2004, Wangari Maathaï a remis en question l'ordre global et fait souffler le vent du changement. Dressant le bilan de trente années de militantisme, elle a reconnu que les forces qui dévastent notre environnement et nos sociétés menacent à présent les systèmes naturels qui soutiennent la vie sur terre. Devant ce triste constat, Maathaï a fait valoir qu'il était de notre devoir de porter assistance à la Terre et de faire renaître notre sentiment d'appartenance à la grande famille de la vie sur cette planète.

Comme Arias au chapitre précédent, Maathaï lance un appel moral du haut de la tribune que lui procure son prix Nobel : « Au cours de l'histoire, il vient un temps où l'humanité est appelée à élever son niveau de conscience, à définir un nouveau cadre moral. Un temps où nous devons dissiper la peur et nous offrir de l'espoir. Ce temps est venu[31]. » Pour elle, la justice, l'équité et l'intégrité écologique ont plus de valeur que le profit. Les injustices et les niveaux de consommation qui vont en augmentant sur notre planète nuisent à la vie et empêchent la coexistence pacifique.

La décision de changer nous appartient. Comme celle de bâtir le Greenbelt Movement appartenait aux femmes africaines.

Cinq années plus tard, le soir du 29 septembre 2009, j'ai eu la chance de m'entretenir avec Wangari Maathaï. J'imaginais en regardant ses yeux une petite Kenyane dans les années 1940, avec sans doute le même éclair, la même pureté que j'avais vue dans le regard de ces enfants qui me tenaient la main au Niger. Je ne pouvais m'empêcher de penser aux millions de petites Wangari qui pourraient un jour se lever avec leurs frères et leurs sœurs et donner naissance à un monde nouveau, en Afrique et ailleurs dans le monde.

Et, après quelques échanges, elle me remit avec un

---

31. Wangari Maathaï, *Nobel Lecture*.

grand sourire le livre que je lui avais demandé de dédica-
cer. En l'ouvrant, j'y trouvai ces mots simples :
« *Love, Wangari* ».

Wangari nous a quittés alors que j'achevais la rédac-
tion de ce livre. Sa mort m'a profondément attristé. Je me
console en pensant que le mouvement auquel elle a donné
naissance continue de vivre et qu'à travers celui-ci nous
conservons un peu de ce qu'elle a été et de ce qu'elle continue de représenter pour des millions de femmes,
d'hommes et d'enfants africains.

5

Sheila Watt-Cloutier : debout sur le toit du monde

Comme pour Wangari Maathaï, ma rencontre avec Sheila Watt-Cloutier est une double rencontre, d'abord avec une personne, mais surtout avec un lieu et une communauté. Après l'Afrique, c'est l'Arctique et les Inuits qui traverseront ma vie et changeront ma conception du monde. Sheila Watt-Cloutier est la dernière de mes trois comètes. Cette rencontre avec l'Arctique sera déterminante : elle me fera passer du rôle d'observateur critique à celui de militant. En 2006, dix-huit mois après la naissance de mes enfants, l'urgence d'agir m'est apparue sous le soleil de minuit.

« En une génération, nous sommes passés des traîneaux à chiens aux jumbo jets[1]. » C'est ainsi que Sheila Watt-Cloutier, leader Inuit, décrit le passage de son peuple

---

1. Sheila Watt-Cloutier, Discours à la conférence Climat 2050, Montréal, 24 octobre 2007.

à la modernité au cours des cinquante dernières années. Comme pour tous les peuples autochtones dans le monde, le contact des Inuits avec la modernité ne s'est pas fait sans heurts. Et comme pour la plupart des peuples indigènes, il s'est accompagné d'une transformation de leur environnement qui met en péril leur culture et leur identité. Bienvenue dans l'Arctique, terre des Inuits.

Je me suis rendu dans l'Arctique en juin 2006 à la suite de l'obtention d'une bourse Action Canada, un programme qui a pour but de former une nouvelle génération de jeunes leaders canadiens. Cette expédition polaire fut pour moi comme pour plusieurs autres qui m'accompagnaient une expérience transformatrice.

L'Arctique, lieu mythique et mystérieux, déstabilise complètement en faisant perdre toute référence au monde qui nous est familier. Un paysage presque dépourvu de végétation, des distances qui dépassent l'entendement, même pour des Nord-Américains habitués aux longs trajets. Dans l'Arctique, les boussoles s'affolent puisque le pôle magnétique se situe à 550 kilomètres au sud du pôle géographique et se déplace de 55 kilomètres par an. Au pôle Nord géographique la seule direction possible est le sud. Dans l'Arctique, même le temps se dilate : il fait continuellement jour pendant l'été arctique, phénomène appelé soleil de minuit, et la nuit polaire recouvre l'Arctique pendant tout l'hiver. Jour, nuit, nord et sud sont des concepts bien différents dans le monde polaire.

Vus des airs, du cockpit d'un avion Hercules de l'armée canadienne, l'île de Baffin, l'île d'Ellesmere et le Groenland apparaissent comme des déserts de roc et de neige au relief accidenté. Un univers de glace, l'Ultima

Thulé, terre nordique mythique qui a été décrite par Pythéas en 300 avant notre ère et qui représentait alors la limite septentrionale du monde connu. Survoler cet espace procure une indescriptible sensation d'euphorie, de liberté et de vulnérabilité qui nous transforme. En Arctique, le voyage est intérieur. La destination est inconnue.

Il est difficile d'imaginer qu'un peuple vit dans cet environnement depuis des milliers d'années. « C'est quand même incroyable qu'on soit encore vivant, à cent mille sous zéro et depuis cent mille ans », chante Richard Desjardins dans *Akinisi* (1988). La rencontre avec les Inuits nous redonne des repères humains dans un monde qui nous échappe.

Sheila Watt-Cloutier appartient à cette culture millénaire qui est parfaitement adaptée à l'environnement arctique et qui a produit d'étonnantes choses, comme l'igloo, le kayak, le traîneau à chien. Une culture qui repose sur la tradition orale et qui est ancrée dans des savoirs et des activités traditionnelles qui ont été transmises de génération en génération par les aînés. Une culture maintenant menacée par la modernité et les changements climatiques.

Alors que les motoneiges ont remplacé les attelages de chiens, que les maisons préfabriquées ont remplacé les igloos, que les mets préparés ont remplacé les viandes sauvages et que les glaces de l'Arctique disparaissent, les Inuits luttent pour maintenir leur identité dans un monde moderne qui a fait table rase du passé. Pour cette population, la plus jeune au Canada, les repères traditionnels ont volé en éclats et les repères modernes sont inaccessibles. Pris entre deux mondes, dans une sorte de *no man's land* du progrès, les Inuits font face à des problématiques sociales de pauvreté, d'abus et de consommation qui ont pris des proportions endémiques. Mais ils ont également amorcé une renaissance qui suscite l'admiration, avec la création du Nunavut, nouveau territoire canadien dont le gouvernement est majoritairement inuit. Surtout, comme tous les peuples autochtones dans le monde, ils ont beaucoup à nous apprendre. Pour peu qu'on les écoute.

Sheila Watt-Cloutier porte depuis des années la voix des Inuits aux quatre coins du monde. Elle a fait campagne pour l'interdiction des polluants organiques persistants (POP) qui contaminent l'environnement et la chaîne alimentaire et affectent la santé des Inuits, et contribué à l'adoption de la Convention de Stockholm sur les polluants organiques persistants en 2001. Elle s'est ensuite concentrée sur la lutte aux changements climatiques dont les impacts cataclysmiques dans l'Arctique mettent en péril le mode de vie traditionnel des Inuits. Elle figurait en 2007 dans la liste des candidats au prix Nobel de la paix, prix remporté cette année-là par l'ancien vice-président américain Al Gore et le Groupe intergouvernemental sur l'étude du climat des Nations Unies (GIEC).

J'ai rencontré Sheila Watt-Cloutier en 2007 à Montréal. À mon retour du Nunavut un an plus tôt, je m'étais promis de faire entendre la voix des Inuits dans le Sud. Aussi, lorsqu'on a fait appel à moi pour organiser une conférence internationale sur le climat, j'ai décidé immédiatement que cette conférence serait ouverte par un représentant inuit. C'est ainsi que le 24 octobre 2007 Sheila Watt Cloutier a pris la parole devant 400 personnes rassemblées au Palais des congrès de Montréal, en présence du premier ministre du Québec, Jean Charest, du Prix Nobel d'économie Amartya Sen et d'une brochette d'invités internationaux prestigieux.

D'entrée de jeu, Sheila Watt-Cloutier a affirmé : « L'Arctique est le baromètre de l'effet des changements climatiques sur notre planète. Les Inuits sont le mercure dans ce baromètre. Nos chasseurs sont les sentinelles de la planète[2]. » Métaphore puissante de la situation des Inuits qui subissent déjà les effets négatifs des changements climatiques. Les Inuits observent un réchauffement accéléré depuis deux décennies, réchauffement qui affecte leurs activités traditionnelles de chasse et de pêche.

Avec le réchauffement de l'Arctique, les routes traditionnelles des chasseurs Inuits disparaissent. Les ruisseaux deviennent des torrents. Les glaces qui supportaient motoneiges et attelages se révèlent dangereuses plus tôt au printemps. De nombreux chasseurs inuits perdent la vie à cause de l'état de la glace.

En érodant rapidement les activités de chasse et de pêche des Inuits, les changements climatiques menacent ce qui constitue le pivot même de leur culture et de leur identité. Car, comme l'explique Sheila Watt-Cloutier, c'est par l'apprentissage de la chasse que les valeurs inuites et le rapport au territoire et à la communauté sont transmis de génération en génération. La chasse et la pêche traditionnelles sont le ciment de la culture inuite.

---

2.   Sheila Watt-Cloutier. Discours à la conférence Climat 2050.

C'est pour cette raison que Sheila Watt-Cloutier a déposé en décembre 2005 une plainte au nom de 62 chasseurs et aînés inuits à la Commission interaméricaine des droits de l'homme. La plainte argue que la destruction de l'environnement arctique qui résulte des émissions incontrôlées de gaz à effet de serre provenant des États-Unis viole les droits reconnus dans la déclaration interaméricaine des droits de l'homme de 1948. Elle précise aussi que le réchauffement climatique prive les Inuits de leurs droits à la chasse, à la santé, à la subsistance et à la propriété privée qui sont inscrits dans la déclaration[3]. Bien qu'elle ait jugé la plainte non recevable, la Commission a invité Sheila Watt-Cloutier à témoigner devant elle en mars 2007.

Ce n'est malheureusement pas la première fois que les Inuits sont affectés par une dégradation de leur environnement due à des éléments qui ont leur source à plusieurs milliers de kilomètres au sud. Depuis des décennies, la contamination du gibier et du poisson par bioaccumulation de polluants organiques persistants comme le plomb, le mercure, les BPC et de nombreux autres contaminants toxiques a durement affecté la santé des Inuits. En raison des courants aériens dominants, ces contaminants

---

3. « Petition to the Inter-Amercian Commission on Human Rights Seeking Relief from Violations Resulting from Global Warming Caused by Acts and Omissions of the United States, Submitted by Sheila Watt-Cloutier with Support from the Inuit Circumpolar Conference, on Behalf of the Arctic Regions of the United States and Canada », 7 décembre 2005, en ligne : http://inuit circumpolar.com/files/uploads/icc-files/FINALPetitionICC.pdf

toxiques qui persistent dans l'environnement pendant de très longues périodes sont transportés dans le Grand Nord où ils se retrouvent dans la chaîne alimentaire. Les Inuits, qui ne produisent virtuellement aucune pollution toxique, doivent vivre dans un des environnements les plus contaminés de la planète. De plus, comme leur alimentation est constituée en grande partie de viande et de poisson sauvages, ils sont beaucoup plus exposés à cette contamination que les populations blanches du Sud.

Les polluants organiques persistants s'accumulent notamment dans les graisses et le lait maternel, et ils ont un effet dévastateur sur la santé des enfants et des nourrissons. Les femmes inuites ne peuvent donc allaiter leurs bébés sans risquer de causer des dommages irréparables à leur système nerveux.

La pollution industrielle et les changements climatiques ne sont que les deux dernières formes d'injustice que l'homme blanc fait subir aux Inuits. Cette histoire est à la fois unique et universelle. Elle ressemble à celle de la plupart des peuples autochtones qui ont vu leurs populations décimées par les guerres et les maladies et leur culture traditionnelle grevée par la modernité. Trop souvent aussi, les autorités politiques et religieuses ont cherché délibérément à assimiler ces populations « sauvages ».

Au XIXe siècle, les Inuits servaient de guides dans les expéditions de chasse à la baleine au large du Groenland. L'Europe s'éclairait alors à la graisse de baleine. On donnait un fusil en échange d'une baleine qui valait 1 000 fois plus sur le marché européen. Les Inuits ont ainsi aidé les Européens à décimer les populations de baleines de l'Arctique jusqu'à leur quasi-extinction. Un siècle plus tard, ces mêmes Européens ont interdit sur leur marché les produits de la chasse au phoque, privant les Inuits des revenus de leur chasse traditionnelle. Certains peuvent y voir une volte-face dans l'attitude des Européens. J'y vois personnellement une continuité : imposer aux Inuits un ensemble de valeurs qui leur est en partie étranger et les priver d'une source de revenu décente.

Au XXe siècle, le gouvernement canadien a plusieurs fois déplacé des populations inuites. À partir des années 1930, pour affirmer sa souveraineté dans l'Arctique et montrer qu'il occupait effectivement le territoire, le Canada a relocalisé des familles inuites. En 1934, 53 Inuits, hommes, femmes et enfants furent déplacés de Pangnirtung, Pond Inlet et Cape Dorset vers Dundas Harbor sur l'île Devon. Après avoir passé deux années dans une misère extrême, ils ont été rapatriés. Cependant, ceux qui étaient originaires de Pond Inlet furent déplacés à Arctic Bay, puis à Fort Ross sur l'île de Somerset en 1937 où ils vécurent presque exclusivement de biscuits. Ces derniers furent transférés une fois de plus à Spence Bay en 1947. Des familles déracinées et déplacées quatre fois en onze ans pour satisfaire les besoins stratégiques du Canada et les intérêts de la Compagnie de la Baie d'Hudson[4].

Dans les années 1950, la guerre froide ravive l'idée d'occuper le territoire arctique pour protéger la souveraineté canadienne. Le 25 juillet 1953, dix familles de Port Harrison sur les rives de la baie d'Hudson au Québec, et

---

4.   Voir Alan Rudolph Marcus, « Inuit Relocation Policies in Canada and Other Circumpolar Countries, 1925-1960 », Commission royale sur les peuples autochtones, Ottawa, 1994.

de Pond Inlet dans l'Arctique, sont relocalisées à Craig Harbour sur l'île d'Ellesmere et à Resolute Bay sur l'île Cornwallis dans le Haut-Arctique. En tout, cinquante Inuits sont déplacés. Des familles sont séparées sans préavis. On transférera peu de temps après le groupe de Craig Harbour à Grise Fjord. Abandonnés à leur sort dans des conditions extrêmes, les familles déplacées furent décimées. Sept ans plus tard, la majorité des enfants déplacés étaient orphelins.

J'ai moi-même rencontré en 2006 à Iqaluit l'un des Inuits de Port Harrison qui avaient été relocalisés. Alors âgé de cinq ou six ans, il portait sur lui, comme tous les Inuits de l'époque, un écusson de cuir sur lequel était inscrit un numéro qui représentait le village, la famille et l'individu. C'est par ce numéro que le gouvernement canadien communiquait avec ses sujets inuits. Jusqu'aux années 1950, le gouvernement du Canada enregistrait et déplaçait la population inuite comme du bétail. Qu'on puisse agir avec si peu d'humanité pour s'approprier quelques arpents de neige, de roc et de glace est scandaleux. Que le Canada, bien qu'il ait dédommagé les victimes, refuse encore aujourd'hui de s'excuser pour ces exactions entache notre histoire.

L'injustice prend aujourd'hui d'autres formes. Les familles inuites s'entassent dans des logements trop petits, souvent insalubres, parfois sans eau potable. La population inuite, qui est la plus jeune du Canada, a le plus haut taux de suicide. Elle n'a pas les moyens nécessaires pour se développer parce que le Canada tarde à lui concéder les droits miniers sur ses territoires.

Au Canada, les populations autochtones ont un

niveau de développement humain comparable à celui du Brésil, et plusieurs communautés vivent dans des conditions d'insalubrité et de pauvreté indignes d'un pays riche et démocratique. Cette situation intolérable est due à l'ignorance ou à la négligence et elle s'explique sans doute aussi par un racisme latent et par l'inégalité qui règne depuis toujours entre la société majoritaire et les nations autochtones.

Un événement illustre l'ampleur des défis auxquels font face les jeunes Inuits. Durant notre séjour dans l'Arctique, nous étions accompagnés d'un jeune guide inuit qui avait grandi à Resolute Bay. Il vivait maintenant à Iqaluit, à 1 571 kilomètres, mais ne pouvait retourner dans sa famille en raison des coûts exorbitants du voyage en avion, seul moyen de transport possible. Il avait reçu une bourse d'études et était le premier membre de sa communauté qui étudiait à l'extérieur. Le prix à payer était de ne pouvoir rentrer chez lui avant des années. Ainsi, un des jeunes hommes les plus brillants de cette communauté ne pouvait retourner chez lui pour servir de modèle de réussite, raconter son histoire et inciter les autres jeunes à suivre ses traces. Nous avons organisé une collecte de fonds pour payer son retour. En recevant son billet d'avion, il a fondu en larmes.

Un autre défi se pose au Nunavut : bâtir un gouvernement moderne qui soit en harmonie avec la société traditionnelle. En visite à Pangnirtung, une communauté de 1 350 habitants où sont établis les ministères de l'Éducation, de la Santé, du Territoire et du Développement durable du Nunavut, nous nous sommes rendus dans une tente où nous avons pris part à une discussion et à une cérémonie traditionnelle présidée par un aîné. Pendant la discussion, en regardant les murs et le plafond de la tente, je remarquai qu'ils étaient recouverts de feuilles de papier sur lesquelles étaient imprimés des graphiques et ce qui semblait être des statistiques. J'ai su plus tard qu'il s'agissait de rapports statistiques produits par l'un des ministères établis à Pangnirtung. Des exemplaires complets de ces rapports avaient servi à tapisser les murs de cette tente où se tenaient des cérémonies traditionnelles. Entre tradition et modernité, les Inuits cherchent une voie qui reflète ce qu'ils sont.

Mon séjour dans l'Arctique en 2006 m'a mené jusqu'à Alert, point habité le plus septentrional de la terre, à seulement 817 kilomètres du pôle Nord. Alert, nommé en l'honneur du navire de Sir George Nares qui y séjourna durant l'hiver 1875-1876, est une base militaire qui a été construite en 1950. Au plus fort de la guerre froide, la base servait à espionner les Soviétiques et comportait une station radar. Elle est maintenant utilisée comme station météorologique et continue d'accueillir quelques dizaines de militaires canadiens. Située à 4 128 kilomètres au nord de Montréal, soit davantage que les 3 700 kilomètres qui séparent cette ville de Vancouver, Alert est beaucoup plus près des pays scandinaves et de la Russie que des villes canadiennes les plus proches. Cela en faisait un site idéal pour l'observation des Soviétiques à l'époque de la guerre froide.

Quelques années plus tard, de 1954 à 1957, on établissait la ligne DEW (Distant Early Warning), un réseau de dizaines de radars s'étendant de l'Alaska à l'île de Baffin sur plus de 10 000 kilomètres le long du 69ᵉ parallèle. La construction de la ligne, qui avait pour but de détecter l'approche de bombardiers soviétiques, employait 25 000 personnes. Aujourd'hui désaffectée, elle a laissé derrière elle un grand nombre de sites contaminés[5].

La visite à Alert nous a fourni également l'occasion de visiter une autre base, américaine cette fois-ci, à Thulé, au Groenland. Thulé est une base aérienne construite par les États-Unis dans le nord-ouest du Groenland en 1951. La base a été bâtie en un peu plus d'une centaine de jours, et le personnel et le matériel nécessaires pour l'ériger ont été acheminés par une armada de 120 navires militaires transportant 12 000 hommes et 300 000 tonnes de fret[6]. Située à mi-chemin exactement entre Moscou et Washington, Thulé était conçue à l'origine pour permettre le décollage de bombardiers B52 porteurs d'ogives nucléaires. La base fait maintenant partie du Air and Space Command et sert surtout de poste de surveillance des satellites civils et militaires en orbite géostationnaire au-dessus du pôle Nord. Des rumeurs veulent que des silos de lancement de missiles nucléaires soient cachés à Thulé, mais le gouvernement américain nie que ce soit le cas.

---

5. P. Whitney Lackenbauer, Matthew J. Farish et Jennifer Arthur-Lackenbauer, « The Distant Early Warning (DEW) Line: A Bibliography and Documentary Resource List », The Arctic Institute of North America, 2005, en ligne : http://pubs.aina.ucalgary.ca/aina/DEWLineBib.pdf

6. Woods Hole Oceanographic Institution, « Beaufort Gyre Exploration Project », en ligne : www.whoi.edu/beaufortgyre/history/history_dew.html

Sur le site de Thulé, on peut toujours voir de vieux B52 rouillés abandonnés le long des pistes d'atterrissage. En janvier 1968, un B52 transportant des ogives nucléaires s'écrasa près de la base. Il n'y eut pas d'explosion nucléaire, mais les charges contenues dans le B52 éclatèrent et dispersèrent des matières radioactives dans l'environnement[7]. Des centaines de civils danois furent affectés au nettoyage et exposés à des niveaux de radiation élevés. Les conséquences sur la santé des populations inuites avoisinantes demeurent à ce jour inconnues[8].

Amorcée dans les années 1950, la militarisation de l'Arctique reprend depuis quelques années en raison de la fonte de la calotte glaciaire qui permettra sous peu d'exploiter les gisements pétroliers et gaziers de l'archipel arctique et de l'océan Arctique. Cette situation fait dire à Sheila Watt-Cloutier : « Tant qu'il n'y avait que de la glace, personne ne portait attention à l'Arctique sauf nous, les Inuits. Maintenant que la glace fond, chacun veut une part des richesses arctiques. »

Si je me trouvais à Alert en juin 2006, c'était pour discuter de la souveraineté canadienne et de la sécurité dans l'Arctique. Il était déjà clair que la fonte des glaces allait permettre la navigation commerciale dans les eaux canadiennes et, par conséquent, l'exploitation de nouvelles

---

7. Gordon Corera, « Mystery of Lost US Nuclear Bomb », BBC News, 10 novembre 2008, en ligne : http://news.bbc.co.uk/2/hi/europe/7720049.stm

8. Stephen Mulvey, « Denmark Challenged over B52 Crash », BBC News, 11 mai 2007.

ressources. Il m'apparaissait alors que l'approche préconisée par le gouvernement, qui consistait à organiser des patrouilles et à dépêcher des navires militaires, était coûteuse, futile et inefficace. Comment le Canada pourra-t-il protéger seul un littoral de dizaines de milliers de kilomètres? Le Canada pourra-t-il arraisonner un navire américain, sachant que les États-Unis considèrent que les eaux de l'archipel arctique constituent un détroit international, tandis que le Canada estime qu'elles font partie de son territoire?

Si le Canada veut affirmer sa souveraineté dans l'Arctique, il devrait outiller les Inuits pour que ceux-ci puissent eux-mêmes encadrer le développement de nos ressources, tirer des revenus de la navigation commerciale et de l'exploitation des ressources, et réinvestir ces revenus dans le Nord. Nous avons le privilège de compter sur une population jeune, adaptée et enracinée dans la région. Pourquoi ne pas lui confier la tâche de protéger et de mettre en valeur une terre qui est la sienne?

Il est malheureux de constater que le gouvernement du Canada s'adonne à une guerre de drapeaux ridicule, notamment avec le Danemark, pour le contrôle de l'île de Hans, un caillou de 1,3 mille carré dans le détroit de Kennedy entre l'île d'Ellesmere et le Groenland. La Russie n'est pas en reste, puisqu'elle est allée planter un drapeau par quatre mille mètres de fond au milieu de l'océan Arctique. Le spectacle annuel du premier ministre Harper participant à des missions de rangers en motoneige dans l'Arctique continue d'alimenter cette guerre d'opérette. Le Canada a même commandé des motoneiges furtives invisibles au radar pour protéger un territoire plus grand que l'Europe de l'Ouest. La décision a plus à voir avec la propagande et le spectacle qu'avec la sécurité du Canada. En juin 2006, à Alert, sous un soleil toujours au zénith à une heure du matin, la perspective d'une ouverture probable du passage du Nord-Ouest entre l'Atlantique et le Pacifique alimentait nos discussions sur la souveraineté canadienne dans l'Arctique. La question devait être résolue à long terme étant donné que le Canada avait largement le temps de se préparer à cette éventualité.

Quinze mois plus tard, en septembre 2007, les photos satellites de l'Agence spatiale européenne causèrent un choc en montrant un passage du Nord-Ouest libre de glace et une fonte sans précédent des glaces de l'océan Arctique[9]. Ce qui devait mettre trente-cinq ans à se produire était arrivé en l'espace de quinze mois. On prévoit maintenant que l'océan Arctique sera libre de glaces, à la fin de l'été, entre 2015 et 2030[10].

Pour la première fois en un million d'années.

Cette nouvelle me stupéfia. Après avoir vu de mes yeux les eaux de l'Arctique recouvertes de glace quelques mois plus tôt, penser que la calotte glaciaire fondait littéralement sous nos yeux et à grande vitesse par suite du réchauffement climatique me fit craindre le pire pour mes enfants. En l'espace de quelques décennies à peine, un système en équilibre relatif depuis des centaines de milliers

9. European Space Agency, « Satellites Witness Lowest Arctic Ice Coverage in History », 14 septembre 2007, en ligne http://www. esa.int/esaCP/SEMYTC13J6F_index_0.html

10. Nick Collins, « Arctic Sea Ice "to Melt by 2015" », The Telegraph, 9 février 2012.

d'années s'est effondré comme un château de cartes. Les changements climatiques ne font que s'amorcer, et l'Arctique nous donne un aperçu de ce qui nous attend.

La fonte accélérée des glaces de l'Arctique est due à plusieurs phénomènes. Tout d'abord elle est due au fait que le climat mondial redistribue la chaleur de l'équateur vers les pôles. Une augmentation moyenne des températures de un degré à l'équateur peut signifier une augmentation de plus de six degrés aux pôles. Ensuite, la réflexion des rayons du soleil sur la glace, ce qu'on appelle l'effet d'albédo, diminue du fait du remplacement de la glace par l'eau dans l'océan Arctique. Plus de rayons solaires sont alors absorbés par les surfaces libres de glace, ce qui accentue le réchauffement et fait fondre plus de glace, ce qui expose de nouvelles surfaces au rayonnement solaire, dans un mouvement circulaire qui accélère la fonte des glaces arctiques.

Depuis 2007, on observe une stabilisation relative de la banquise arctique mais une diminution constante et accélérée des glaces multiannuelles, glaces compactes qui résistent aux fontes saisonnières. D'après des données publiées par la NASA, les glaces de l'Arctique étaient constituées de 68 % de glaces multiannuelles et de 32 % de glaces annuelles en 2004. Ces proportions étaient inversées en 2008[11].

La fonte des glaces de l'océan Arctique soulève de nombreuses questions concernant la sécurité et la protec-

---

11. NASA, « New NASA Satellite Survey Reveals Dramatic Arctic Sea Ice Thinning », 7 juillet 2009, en ligne : http://www.nasa.gov/home/hqnews/2009/jul/HQ_09-155_Thin_Sea_Ice.html

tion de l'environnement. Un nouvel océan sera ouvert à la navigation d'ici une décennie, ce qui redéfinit entièrement la carte géostratégique de notre planète. De plus, l'exploitation de ressources minières, pétrolières et gazières dans l'archipel arctique et l'océan Arctique, et le transport régulier de pétrole dans la région risquent de causer des désastres environnementaux de grande envergure. Les cartes marines de la région ne sont pas au point et, en raison de l'éloignement, de la présence de glaces et des conditions météorologiques extrêmes, les opérations de secours ou de nettoyage seront très probablement vaines.

Mais le plus inquiétant en ce qui a trait au réchauffement accéléré de l'Arctique est la fonte accélérée des glaces du Groenland. Contrairement à la banquise arctique qui fait déjà partie de l'océan, les glaces du Groenland, comme celles de l'Antarctique, recouvrent des terres et, d'après l'Arctic Monitoring and Assessment Programme (AMAP), leur fonte accélérée pourrait entraîner une hausse du niveau des mers de 0,9 à 1,6 mètre au cours du présent siècle. Les recherches de l'AMAP concluent que le rapport du GIEC de 2007 a sous-estimé la vitesse de la fonte des glaces du Groenland. Le rapport va même jusqu'à avancer qu'à partir d'un certain niveau la hausse des températures dans l'Arctique rendra la fonte des glaces du Groenland irréversible[12]. Cette fonte, qui s'éche-

---

12. Alister Doyle, « Seas Could Rise Up to 1.6 Meters by 2100: Study », Reuters, 3 mai 2011, en ligne : www.reuters.com/ article/2011/05/03/us-climate-arctic-idUSTRE7422YQ20110503

lonnerait sur plusieurs centaines d'années, amènerait une hausse du niveau des mers de six mètres[13].

Finalement, un dernier péril nous guette avec le réchauffement des régions arctiques : la fonte du pergélisol, ces sols gelés en permanence depuis des milliers d'années et renfermant des quantités considérables de matières organiques qui, en se décomposant, libèrent du méthane, un gaz à effet de serre vingt et une fois plus puissant que le gaz carbonique. La fonte généralisée du pergélisol est l'une des boucles de renforcement des changements climatiques que redoutent les climatologues. Une étude du US National Snow and Ice Data Centre publiée en 2011 conclut que près des deux tiers du pergélisol global risque de fondre d'ici 2200, libérant ainsi 190 milliards de tonnes de CO_2, un chiffre qui équivaut à la moitié de toutes les émissions de GES dans l'atmosphère depuis le début de l'ère industrielle. D'après l'auteur de l'étude, nous atteindrons d'ici vingt ans un point de non-retour : la fonte deviendra alors irréversible et du même coup le réchauffement de la planète s'accentuera.

Il y a fort à parier que des études à venir réviseront encore à la hausse les prédictions concernant l'élévation du niveau de la mer et la fonte du pergélisol au cours du présent siècle. Depuis ce jour de septembre 2007 où les données sur la fonte des glaces dans l'Arctique m'ont plongé dans la stupeur et l'incrédulité, les mauvaises nouvelles s'accumulent sur le sort qui nous attend. L'aveugle-

13. Catherine Brahic, « Sea Level Rise Could Bust IPCC Estimate », *The New Scientist,* 10 mars 2009.

ment de ceux qui veulent nous empêcher d'agir ne peut être que volontaire.

L'Arctique est notre baromètre. Ses aiguilles pointent vers la catastrophe.

Les changements climatiques avancent, implacablement, dans l'Arctique, et le gouvernement canadien s'y prépare en achetant des navires de guerre et des motoneiges, mais il continue de ne rien faire pour réduire les émissions de GES. Pire encore, il envisage d'exploiter les combustibles fossiles de l'Arctique. Alors que l'avenir de l'humanité est en jeu, ce gouvernement continue de servir les intérêts particuliers d'une industrie milliardaire qui nous enfonce dans une folie destructrice.

Le déni absurde et organisé qui nourrit notre inaction dans la lutte aux changements climatiques, et notre incapacité à percevoir les signaux d'alarme qui nous proviennent de l'Arctique n'est pas sans rappeler l'attitude qui a mené les premiers explorateurs européens de l'Arctique à la perdition. L'historien Pierre Berton, dans *The Arctic Grail*[14], raconte l'histoire de ces aventuriers. Il s'agit de loin du livre le plus extraordinaire qu'il m'ait été donné de lire.

Armés de leurs certitudes, de leurs intérêts particuliers et d'un cadre de valeurs totalement déconnecté de la réalité de leur environnement, ils ont patrouillé l'Arctique au XIXe siècle pour en acquérir la propriété et pour découvrir une voie de navigation commerciale vers l'Asie. Leur

---

14. Pierre Berton, *The Arctic Grail: The Quest for the North West Passage and the North Pole, 1818-1909*, Random House, 2001.

expérience est une magnifique métaphore de notre attitude actuelle face à l'Arctique et aux changements climatiques : le déni de la réalité et un ensemble de valeurs qui empêche d'appliquer les solutions qui pourraient assurer notre survie. On trouve dans leurs expériences souvent tragiques des enseignements qui devraient nous amener à remettre en question nos certitudes.

Deux cent ans ont passé depuis que William Edward Parry et James Clark Ross ont amorcé l'ère moderne de l'exploration de l'Arctique. Viendront après eux de grands explorateurs tels que Robert Peary, Roal Amundsen, Charles Francis Hall et plusieurs autres. Tous devront affronter des conditions de survie qui rendent obsolètes les valeurs des sociétés occidentales auxquelles ils appartiennent. Des dizaines d'explorateurs mourront de faim, de froid, de scorbut ou s'entre-tueront même parfois sous l'effet des troubles mentaux dus à l'isolement, à l'hiver polaire et à l'alcoolisme.

Ces équipages d'hommes courageux, souvent accompagnés de guides inuits considérés comme des êtres primitifs et sauvages, se lancent à l'assaut de l'Arctique avec les techniques les plus avancées. Manteaux de laine, bottes de cuir, rations de viande en pemmican, lourds traîneaux de bois tirés par des hommes pour transporter la nourriture, l'équipement et les tentes. Mais le bagage le plus lourd dont ces fiers citoyens de l'Angleterre victorienne devront se départir pour conquérir l'Arctique est celui de leurs certitudes culturelles et de leur attitude méprisante à l'égard de ces créatures sales et sans classe que sont les Inuits. Ils devront accepter d'apprendre d'eux pour réussir.

Les Inuits, mieux adaptés après des millénaires de survie dans l'Arctique, se déplacent en légers attelages de chiens. Ils traînent avec eux un minimum de matériel et peuvent construire un igloo n'importe où en quelques minutes. Ils savent que la viande fraîche de phoque prévient le scorbut. Leurs manteaux et leurs bottes en peau de phoque les tiennent constamment au chaud et demeurent secs, contrairement aux tuniques de laine des explorateurs britanniques. Les Inuits savent comment chasser le phoque. Ils savent s'orienter dans la nuit polaire. Ils savent épargner leurs forces pour survivre un jour de plus.

C'est ainsi que, pendant presque cent ans, les explorateurs de l'Arctique préféreront parfois endurer les pires conditions plutôt que de s'abaisser devant les sauvages qui leur sauvent la vie à tous les coups. La marine britannique, par exemple, refuse d'utiliser des attelages de chiens et continue d'épuiser ses hommes affaiblis par le scorbut et les engelures en leur faisant traîner des charges pesant parfois près d'une tonne. Pour la marine du pays le plus puissant du monde, la fierté passe avant tout.

Cette folie atteindra son paroxysme avec l'expédition tragique de John Franklin en 1845-1847. Parti d'Angleterre avec deux navires de 380 et 350 tonnes, l'*Erebus* et le *Terror*, et avec un équipage de 129 hommes, Franklin voulait découvrir le passage du Nord-Ouest à la tête de la plus grande, de la plus puissante expédition jamais menée dans l'Arctique. Personne n'est revenu vivant. Les deux navires demeurèrent prisonniers des glaces et, voyant les vivres manquer, l'équipage dut les abandonner pour tenter de gagner la rive, puis rentrer par voie de terre vers les établissements plus au sud.

Pour son expédition, Franklin avait fait charger à bord une bibliothèque de mille livres, de l'argenterie et des assiettes de porcelaine portant ses initiales, des habits d'apparat et de nombreux autres objets sans doute essentiels dans l'Angleterre victorienne, mais complètement inutiles dans l'Arctique. Lors de l'évacuation du navire, les lourds traîneaux furent chargés de plusieurs de ces objets qui s'ajoutèrent à une charge déjà trop lourde pour des hommes amoindris par la maladie, la fatigue et la faim. Dans des conditions climatiques aussi extrêmes, chaque calorie épargnée peut faire la différence entre la vie et la mort. Les Britanniques n'ont pas su s'adapter assez rapidement pour survivre.

À Pangnirtung, alors que j'étais plongé dans la lecture du livre de Pierre Berton, j'ai eu soudain eu comme une illumination : nos sociétés contemporaines ressemblent beaucoup à l'expédition de John Franklin. Riches, technologiquement avancées, imbues de leur supériorité et incapables de s'adapter alors que leur survie même est en jeu. Face à des situations critiques, nous choisissons de protéger l'argenterie et les habits d'apparat. Ces objets nous apparaissent plus importants que la vie elle-même.

En ce soir de juin 2006, on m'avait demandé de remercier un aîné inuit. Je lui avais simplement dit ceci : « En visitant l'Arctique, je ne peux m'empêcher de penser à ces explorateurs européens qui sont venus explorer le Grand Nord il y a plus d'un siècle. Je ne peux non plus m'empêcher de penser que seuls ceux qui ont suivi les enseignements des Inuits ont survécu. Les autres ont péri. Avec les changements climatiques aujourd'hui, j'ai la conviction qu'il faut écouter le cri d'alarme des Inuits, qu'il y va de notre survie comme civilisation. Je vous remercie de nous venir encore une fois si généreusement en aide alors que nous avons perdu notre chemin. »

Les Inuits savent que les jours de leur civilisation sont comptés si nous ne prévenons pas des changements climatiques dangereux et irréversibles. En octobre 2007, Sheila Watt-Cloutier nous a fait réfléchir en disant que les changements climatiques sont la menace suprême à la survie de la culture inuit. Elle nous a invités à penser non seulement aux ours blancs, mais aussi aux jeunes Inuits pour lesquels nous devons préserver la culture inuite. Puis elle a ajouté : « Il existe un mot inuktitut, *Siila*, qui signifie intelligence, conscience, sagesse, mais aussi l'air, le ciel et l'atmosphère. Siila relie une personne au monde naturel. Siila signifie que nous sommes tous interreliés physiquement et spirituellement[15]. » En terminant, elle nous rappelait que les Inuits ont beaucoup à offrir, qu'ils ont vécu pendant des millénaires durablement et avec respect pour le monde qui les entourait. Elle nous a finalement invités à redécouvrir notre humanité commune.

Encore une fois, on nous exhortait à faire retentir la voix de notre humanité commune. Arias, Maathaï, Watt-Cloutier. Des cultures aux antipodes, mais un même message porté par trois comètes venues me rappeler que nous faisons partie d'une seule et même aventure humaine qui a commencé avec les générations qui ont précédé la nôtre, qui se poursuivra avec celles qui nous suivront, généra-

---

15. Sheila Watt-Cloutier, Discours à la conférence Climat 2050.

tions dont nous sommes responsables et au nom desquelles nous nous devons de prendre la parole.

Les Inuits, longtemps considérés comme des êtres de race inférieure, ont survécu à cent mille sous zéro et depuis cent mille ans pour nous apporter le message de notre humanité commune et de notre responsabilité envers nos frères et nos sœurs du Nord, mais aussi envers les générations à venir pour qui nous devons respecter ce monde si riche et diversifié qui nous entoure. Debout sur le toit du monde, ils sont nos sentinelles. Pour peu qu'on les écoute.

6

Al Gore : l'homme
de persuasion massive

« Bonjour, je m'appelle Al Gore, j'étais le prochain président des États-Unis. » C'est par cette boutade qu'Al Gore
ouvre le film *Une vérité qui dérange,* sorti en mai 2006. Un
peu plus de cinq ans après sa cruelle défaite aux élections
présidentielles de 2000, Gore est devenu une vedette planétaire, le leader de la lutte contre les changements climatiques, ce qui lui a valu un Oscar et un prix Nobel de la
paix en 2007, partagé avec le Groupe d'experts intergouvernemental sur l'évolution du climat (GIEC) des
Nations Unies. Dans l'Amérique en guerre de George W.
Bush, Gore a mené une autre campagne. Cette fois-ci, le
sort de la planète était en jeu.

Ma rencontre avec Al Gore remonte à avril 2008. J'ai
eu l'occasion de le revoir à plusieurs reprises par la suite,
avant de devenir président canadien et porte-parole francophone du Projet de la réalité climatique, la nouvelle
campagne qu'il a lancée en 2011. Cette rencontre a donné
une impulsion nouvelle à mon cheminement de militant.

À un moment où je souhaitais donner plus de force à mon engagement, j'ai été invité à me joindre au Projet climatique, un mouvement qui a été lancé en 2006 par Gore et auquel se sont joints plus de 2 500 bénévoles de différents pays. Gore a donné à tous ces bénévoles une formation de deux jours, et celle-ci leur a permis d'offrir à leur tour des présentations sur les changements climatiques dans leurs communautés.

Les changements climatiques sont le plus grand défi de notre génération. Face à la destruction des conditions qui ont permis à notre espèce d'apparaître et de se développer, il est impossible de demeurer silencieux. Je me souviens de ma première conférence après avoir été formé par Gore. Je sentais que l'on m'avait donné une voix, de puissants outils de communication et la légitimité nécessaire pour m'adresser à mes concitoyens et les mobiliser dans cette lutte cruciale. À ce jour, j'ai donné plus d'une centaine de conférences dans le cadre de cette campagne et rejoint près de dix mille personnes.

En quelque sorte, Gore a été le premier à me tendre la main, quelques semaines avant que je me joigne à la Fondation David Suzuki. Il m'a permis de franchir la frontière qui sépare le travail de l'analyste de celui du militant. Bien que je ne sois pas très proche de lui, je lui suis néanmoins reconnaissant de m'avoir prêté sa voix à une époque où je cherchais la mienne.

L'image d'intellectuel froid qui colle à Al Gore depuis son passage en politique ne résiste pas au contact personnel. Passionné, friand de faits scientifiques et de technologie, drôle et toujours intéressant, il est un redoutable *campaigner,* un homme de conviction et un excellent vulgarisateur scientifique. Toutes ces qualités ont fait de lui un excellent porte-étendard de la lutte aux changements climatiques, mais aussi la cible des médias de droite et de tous ceux qui nient l'existence des changements climatiques. Leurs attaques incessantes sont depuis quelques années dirigées contre sa personne. Elles cherchent à discréditer le messager, car il est apparu que le message était inattaquable, du moins sur le plan scientifique. Attaquer le messager pour supprimer le message, voilà à quoi se résume la contre-attaque de la droite nord-américaine à l'endroit d'Al Gore.

En raison notamment de l'attention dont il est l'objet, Gore demeure inaccessible et constamment entouré de ces murs coupe-feu qui protègent les anciens présidents et vice-présidents américains des demandes incessantes provenant du monde extérieur. Bien que j'aie eu l'occasion de m'entretenir avec lui à plusieurs reprises, chaque entretien doit être gagné de haute lutte, les gens de son entourage ayant toutes les raisons de vouloir protéger l'un des hommes les plus en demande dans le monde. Ainsi, au Sommet du Millénaire à Montréal, j'ai voulu m'approcher de Gore pour le saluer, mais j'ai été repoussé à plus de cinq mètres de la table où il était assis. La bulle qui entoure Gore est difficile à pénétrer, et on ne peut y demeurer longtemps. Le fait de jouer un rôle au sein de son organisation m'a toutefois permis d'entrer à quelques reprises dans le petit cercle de ses collaborateurs.

J'ai été invité à Nashville en 2009 chez Roy Neal, chef de cabinet de Gore dans l'administration Clinton, puis chef de cabinet adjoint du président. Roy dirigeait l'équipe de transition de Gore pendant les semaines mouvementées qui ont suivi l'élection de 2000. Il va sans dire qu'il a conservé un souvenir plutôt amer de ces quelques mois. Pour un amateur de politique américaine comme moi, cette soirée chez Roy Neal se rapproche de ce qu'est une visite à Disney World pour un enfant. Nos conversations avaient surtout porté sur les dessous de l'administration Clinton, mais j'avais aussi tenté de savoir comment Gore avait fait la transition de « prochain président des États-Unis » à héros de la lutte contre les changements climatiques.

En quittant la vie politique, Gore a fait ce que la plupart des politiciens américains font : il a donné des conférences à titre d'*elder statesman*. Il a également adopté une cause, et c'est peut-être là son choix le plus audacieux. En 2001, l'enjeu des changements climatiques, bien que présent dans l'actualité, n'était pas assez considérable pour un ancien politicien. Le sujet était relégué dans les pages spécialisées des médias écrits, et on considérait les changements climatiques comme une menace potentielle et non comme une question qui concernait de très près la sécurité humaine. L'ouragan Katrina et le film *Une vérité qui dérange* vont changer la donne en 2005-2006.

Gore s'est lancé en 2001 dans un marathon de conférences qui se poursuit encore aujourd'hui. C'est cette transition de *campaigner* politique aguerri à conférencier passionné par la lutte aux changements climatiques qui est décrite dans *Une vérité qui dérange*. Fait intéressant, d'après Roy Neal, personne n'avait prévu le succès colossal du film. Même Gore a été surpris qu'un réalisateur veuille faire un documentaire dans lequel il présenterait un diaporama. La veille de la sortie du film en salle, Gore et son équipe prévoyaient un succès d'estime, une brève présence en salle, puis un oubli relatif, comme c'est le cas pour la plupart des documentaires. Lancé le 24 mai 2006 dans quatre salles de New York et de Los Angeles, le film a rapporté mondialement 49 millions de dollars[1]. Gore utilisera les recettes du film pour financer la création de l'Alliance for Climate Protection et du Climate Project, qui fusionneront en 2011 pour former The Climate Reality Project.

Si je suis chez Roy Neal en février 2009, c'est à l'invitation de sa conjointe, Jenny Clad, qui dirige alors The Climate Project, l'une des deux organisations fondées par Gore. L'histoire du Climate Project est intéressante et témoigne des efforts déployés par Gore en vue de créer un mouvement citoyen de soutien à la lutte contre les changements climatiques. En 2006, à la suite du succès retentissant d'*Une vérité qui dérange*, un groupe de personnes convainc Gore d'organiser des formations pour que des citoyens de tous les horizons puissent offrir bénévolement des conférences sur les changements climatiques dans leurs communautés. Cela implique que Gore rende sa présentation accessible à des centaines de personnes. Gore accepte, et une première formation est organisée à Nashville en 2006.

L'approche préconisée par le Climate Project consiste à outiller des citoyens pour que ceux-ci puissent agir et sensibiliser les gens dans leur communauté. Le projet se

---

1. Agence France Presse, « Changement climatique : Al Gore reprend son bâton de pèlerin », 12 septembre 2011.

fonde sur une stratégie *peer-to-peer*, c'est-à-dire que des citoyens rencontrent d'autres citoyens dans leurs milieux de vie pour leur expliquer les causes, les impacts et les solutions des changements climatiques. Il va sans dire que l'idée fera tache d'huile : à ce jour, plus de 3 000 personnes ont été formées par Al Gore dans cinquante pays. Ils ont donné 70 000 conférences en cinq ans et rejoint plus de 7 millions de personnes[2].

J'ai rencontré Al Gore en avril 2008 à Montréal alors qu'il formait la première cohorte de 250 conférenciers du chapitre canadien du Climate Project. Quelques Canadiens présents à la formation de 2006 à Nashville s'étaient employés à le convaincre de venir donner cette formation en sol canadien. J'avais fait des pieds et des mains pour figurer parmi les 250 privilégiés qui allaient passer le week-end dans un hôtel du centre-ville avec le professeur Gore.

C'est à ce moment que j'ai connu diverses facettes d'Al Gore. D'abord, le professeur méthodique et précis qui enseigne la science du climat et qui cherche constamment à valider les données, les faits, et à rendre accessible une science complexe. Gore passe chaque diapositive de la présentation, une par une, en expliquant le contenu et la manière de le présenter au public pour qu'il soit bien compris. Quand il constate que certaines diapositives sont mal comprises, il les supprime, les modifie ou change l'ordre de présentation. Il crée littéralement ses présentations sous nos yeux.

---

2.   Source : The Climate Reality Project.

Il nous enseigne trois choses essentielles à ne pas dépasser dans une bonne présentation : les « budgets » de complexité, de temps et d'espoir. Il ne faut pas rendre les présentations trop complexes ou trop longues, sinon on risque de perdre notre auditoire. Il est important de ne pas dépenser le capital d'espoir des personnes qui nous écoutent, car autrement nous risquons de provoquer du découragement et du fatalisme, alors que nous cherchons à convaincre les gens de la nécessité d'agir.

Le professeur Gore se double d'un *campaigner*, un politicien qui sait comment, par le ton de sa voix, par le rythme ou simplement par une déclaration choc, créer des effets dans son auditoire. Puisque la formation se déroule à huis clos, il peut se permettre des envolées oratoires contre l'industrie des sables bitumineux, les climato-sceptiques ou l'administration Bush. Cette alternance entre le professeur et le *campaigner* rend la formation solide scientifiquement, dynamique et surtout passionnante. Et cette passion est contagieuse. On peut sentir que l'ensemble du groupe est mobilisé, prêt à l'engagement.

À la suite de cette formation, j'ai joué un rôle de premier plan dans le développement du projet climatique Canada, la filiale canadienne du Climate Project dont le secrétariat est à Montréal. Après que la Fondation David Suzuki et le Projet climatique Canada eurent conclu une alliance stratégique, j'ai contribué au redressement financier et organisationnel de l'organisme. En novembre 2009, je suis nommé au conseil d'administration, puis président du conseil en juin 2010, présidence que j'assume toujours aujourd'hui.

Deux autres formations vont être offertes à Nashville, en 2009 et en 2010, pour mettre à jour les connaissances des présentateurs canadiens et américains, et former de nouvelles recrues. La formation de 2010 s'est déroulée dans un *saloon* de Nashville, l'hôtel qui devait nous accueillir ayant été inondé par une crue record de la rivière Cumberland. Qui a dit que le country et les changements climatiques ne faisaient pas bon ménage ?

Bien que la conférence d'Al Gore évolue au gré de l'actualité et des découvertes scientifiques et que chaque conférencier soit libre de l'adapter à son expertise et au contexte géographique, les trois messages clés demeurent toujours les mêmes : les changements climatiques sont réels, ils sont causés par l'être humain et nous pouvons les arrêter.

Al Gore amorce sa conférence par une citation de Mark Twain : « Ce qui pose problème n'est pas ce que nous ignorons, mais plutôt ce que nous croyons être une certitude et qui ne l'est pas. » Il donne ensuite l'exemple de la dérive des continents, théorie qui a été avancée en 1915 par Alfred Wegener, un astronome et météorologiste allemand, et qui a depuis été admise par la communauté scientifique. Accepter que des masses aussi grandes que les continents puissent lentement dériver à cause du mouvement des plaques tectoniques peut être difficile pour une grande majorité de la population qui les croit immuables et qui ne peut observer leur mouvement.

Le même phénomène s'observe dans la question des changements climatiques. Gore construit habilement cette analogie en montrant une carte de l'Amérique du Sud et de l'Afrique emboîtées l'une dans l'autre et en

posant cette question : « Est-il possible que ces deux continents aient fait partie d'un même ensemble ? » Puis, il
montre les courbes historiques des concentrations de CO_2
dans l'atmosphère et des températures moyennes
depuis 800 000 ans. Comme ces deux courbes évoluent
manifestement de façon parallèle, il pose la question suivante : « Se pourrait-il que ces deux courbes fassent partie
d'un seul et même phénomène ? »

Ce passage est la pierre angulaire de toute la présentation d'Al Gore sur les changements climatiques. En utilisant les données du National Atmospheric Data Center de
la National Occanic and Atmospheric Administration
(NOAA), il démontre que le CO_2 détermine la température moyenne sur terre. Il montre aussi clairement que le
cycle naturel du climat depuis 800 000 ans est un équilibre
dynamique où les concentrations de CO_2 varient approxi-
mativement entre 200 et 300 partics par million (ppm),
soit 200 molécules de CO_2 par million de molécules dans
l'atmosphère. Il explique ensuite que des variations naturelles de quelques dizaines de ppm à la baisse ou à la
hausse ont été responsables des grandes glaciations et du
retrait des glaciers.

Puis, Gore entreprend de montrer que les concentrations de CO_2 ont augmenté dans l'atmosphère depuis le
début de l'ère industrielle. Elles montent en flèche pour
atteindre 393 ppm en 2012[3]. Pour illustrer son propos,

---

3. NOAA, « Earth System Research Laboratory, Global Monitoring Division. Trends in Atmospheric Carbon Dioxide », en ligne :
www.esrl.noaa.gov/gmd/ccgg/trends/

Gore utilisait dans le film *Une vérité qui dérange* une plateforme qui s'élevait dans les airs. Une ingénieuse mise en scène, mais qui n'est nullement nécessaire pour faire comprendre à l'auditoire qu'une transformation radicale du climat est en cours.

Si une variation de 300 ppm à 220 ppm provoque une glaciation, une variation de 300 ppm à 400 ppm amène nécessairement une transformation radicale du climat qui a permis à notre espèce d'apparaître et de se répandre dans le monde.

Je peux confirmer que la quasi-totalité des 10 000 personnes à qui j'ai présenté ce graphique saisissent l'ampleur de la menace. D'ailleurs, cette menace est comprise depuis longtemps. En 1988, David Suzuki avait demandé à Lucien Bouchard, alors ministre (conservateur) de l'Environnement du Canada, quelle était la plus grande menace environnementale. Bouchard avait répondu : le réchauffement planétaire. Surpris que M. Bouchard ne nomme pas la destruction de la forêt amazonienne, qui était l'enjeu de l'heure à l'époque, Suzuki lui avait demandé : « À quel point cette menace est-elle importante ? » Bouchard lui avait répondu que le réchauffement planétaire menaçait la survie de notre espèce.

Les changements climatiques sont réels. Ils sont causés par l'homme et ils menacent la survie de notre espèce.

Selon le Groupe d'experts intergouvernemental sur l'évolution du climat (GIEC), il est nécessaire de limiter à deux degrés l'augmentation de la température moyenne sur terre pour éviter des changements climatiques dangereux. Les concentrations de CO_2 dans l'atmosphère ne devraient pas dépasser 450 ppm, ce qui nous donnerait statistiquement une chance sur deux de demeurer sous la barre des deux degrés de réchauffement[4].

Mais voici que les choses se compliquent : pour atteindre l'objectif d'un plafonnement des concentrations atmosphériques de CO_2 à 450 ppm, nous devons d'ici 2020 ramener les émissions de GES à un niveau qui est de 25 % à 40 % inférieur à celui de 1990[5]. Les émissions mondiales ne doivent pas dépasser 32 mégatonnes d'équivalent CO_2 en 2020. Or, à la stupéfaction générale, le quotidien britannique *The Guardian* publiait le 29 mai 2011 les résultats d'une étude de l'Agence internationale de l'énergie qui démontrait qu'après une faible baisse en 2009 due à la crise économique, les émissions mondiales de GES avaient augmenté de 5,5 % de 2009 à 2010 pour atteindre 30,6 gigatonnes d'équivalent CO_2. À ce rythme, le plafond fixé pour 2020 aura été dépassé en 2011, neuf ans plus tôt que dans les recommandations du GIEC[6]. Au rythme actuel, nous observerons un réchauffement climatique de quatre degrés ou plus.

Les changements climatiques sont réels. Ils sont causés par l'être humain. Ils menacent la survie de notre espèce. Nous sommes sur une trajectoire suicidaire.

---

4. Groupe d'experts intergouvernemental sur l'évolution du climat (GIEC), *Quatrième rapport d'évaluation*, 2007.

5. *Ibid.*

6. Fiona Harvey, « Worst Ever Carbon Emissions Leave Climate on the Brink », *The Guardian*, 29 mai 2011.

À quoi ressemblerait un monde avec un réchauffement de quatre degrés? La question mérite d'être posée
puisque le gouvernement britannique estime qu'un tel
réchauffement pourrait se produire aussi tôt qu'en 2060[7].
Avec ce réchauffement, les températures les plus chaudes
en été dans l'est de l'Amérique du Nord seraient de 10
à 12 degrés plus élevées, affectant des villes comme
Chicago, Toronto et Montréal. À New York, les températures maximales atteindraient 49 degrés[8]. L'été 2011 nous
a donné un avant-goût de ce que l'avenir nous réserve
puisque 200 villes ont dépassé leurs records de température de tous les temps et que 6 000 records de température
diurne et nocturne ont été battus dans les cinquante États
américains. En juillet 2011, il a fait 40 degrés à Philadel-
phie et 41 degrés à Baltimore. Au Texas, les températures
on atteint 47 degrés.

Avec un réchauffement de quatre degrés, le Portugal,
l'Espagne et le sud de la France deviennent quasi déser-
tiques et les zones côtières du sud de l'Angleterre et des
Pays-Bas sont régulièrement inondées. Les dernières projections climatiques indiquent que l'ensemble de l'Europe
de l'Ouest, les Balkans et la Turquie feront face à des sécheresses chroniques qui s'aggraveront entre 2030 et 2090.
Déjà, durant les six premiers mois de 2011, près

---

7.   David Shukman, « Four Degrees of Warming "Likely" », BBC
News, 28 septembre 2009, en ligne : http://news.bbc.co.uk/2/
hi/8279654.stm

8.   Met Office, « The Impacts of a Global Temperature Rise of
4 Degrees — Interactive Map », en ligne : www.metoffice.gov.uk/
climate-change/guide/impacts/high-end/map

de 400 millions de personnes ont été affectées par des conditions de sécheresse exceptionnelles[9].

Dans le monde, si la température se réchauffe de quatre degrés, les rendements agricoles déclineront en raison d'une désertification généralisée. Le déclin sera plus prononcé et atteindra 20 % dans les régions de faible latitude. En outre, huit fois plus de personnes feront face à des pénuries d'eau. L'Arctique subira un réchauffement de 16 degrés, ce qui entraînera une fonte irréversible des glaces du Groenland menant à une élévation du niveau des mers de sept mètres sur une période de plusieurs centaines d'années. Des migrations de masse seraient déclenchées par la désertification, les pénuries d'eau et de nourriture, les catastrophes naturelles[10].

Bref, un réchauffement de quatre degrés constitue la plus grande menace à la sécurité humaine depuis l'invention de la bombe atomique. Une catastrophe d'une gravité inégalée dans l'histoire. Des effets irréversibles sur la vie terrestre.

Science-fiction ? Scénario catastrophe ? Malheureusement non. Jusqu'à maintenant, trop souvent les nouvelles études climatiques revoient à la hausse les prédictions faites par les études précédentes.

Comme nous l'avons vu au chapitre précédent, la fonte des glaces dans l'Arctique dépasse toutes les prédic-

---

9. Source : Appareil de surveillance des sécheresses du University College London, juillet 2011.

10. Met Office, « The Impacts of a Global Temperature Rise of 4 Degrees ».

tions. Les dix années les plus chaudes jamais observées sur terre sont toutes postérieures à l'année 1998. Le rapport du GIEC de 2007 signale une augmentation de la température moyenne sur terre de 0,74 degrés centigrades au cours du XXe siècle et prédit une augmentation de température de 2 à 5,4 degrés au cours du présent siècle selon plusieurs scénarios, le plus plausible d'après le GIEC étant un réchauffement de 3,4 degrés[11]. Mais une étude publiée en 2008 par le Hadley Center, une autorité dans la recherche sur le climat, prédit, quant à elle, un réchauffement de 5,5 à 7,1 degrés si les émissions de GES continuent de croître au rythme actuel[12].

L'élévation prévue du niveau de la mer au cours du présent siècle est fréquemment révisée à la hausse. Dans son rapport de 2007, le GIEC parlait de 18 à 59 centimètres d'ici 2090-2099[13]. Cette évaluation très prudente ne tenait pas compte du rythme de la fonte des glaciers, insuffisamment documentée selon le GIEC. Des recherches plus récentes tenant compte des observations sur la fonte accélérée des glaces du Groenland et de l'Antarctique concluent que la hausse du niveau de la mer serait plutôt de 0,56 mètre à 2 mètres. Une étude publiée

---

11. Groupe d'experts intergouvernemental sur l'évolution du climat (GIEC), *Quatrième rapport d'évaluation*, 2007.

12. Michael McCarthy, « Carbon Cuts "Only Give 50/50 Chance of Saving Planet" as States Negotiate Kyoto's Successor. Simulations Show Catastrophe Just Years Away », *The Independent*, 9 mars 2009.

13. Groupe d'experts intergouvernemental sur l'évolution du climat (GIEC), *Quatrième rapport d'évaluation*.

en 2011 prévoit une élévation de 32 centimètres d'ici 2050 seulement[14].

D'une manière générale, les observations des scientifiques correspondent aux prédictions des modèles prévisionnels ou vont au-delà. À chaque rapport du GIEC, on révise à la hausse les prévisions sur l'ampleur et le rythme du réchauffement en cours, l'élévation du niveau des mers, la fonte des glaciers et de nombreux autres facteurs observables et mesurables.

Les changements climatiques sont devenus une réalité. On peut déjà en observer les premières manifestations dans le monde. Nous entrons dans une nouvelle normale climatique qui se révèle à nous, ce qui a fait dire à Richard Somerville, professeur à l'Université de Californie à San Diego, que le changement climatique « n'est plus une théorie, une conjecture ou le résultat de modèles informatiques. Nous pouvons voir le climat changer. C'est en train de se produire. C'est réel. C'est un fait scientifique[15] ».

Les 14 et 15 septembre 2011, j'ai été choisi par Al Gore comme porte-parole francophone des 24 heures de réalité, un événement planétaire qui visait à faire connaître l'ampleur et les effets des changements climatiques. Les 24 heures de réalité consistaient en vingt-quatre présentations dans treize langues dans vingt-quatre fuseaux horaires. Diffusé sur Internet, l'événement

---

14. Jennifer Welsh, « Warming Oceans Could Melt Ice Faster than Expected. Scientists Say Climate Models Have to Account for Previously Unnoticed Effect », MSNBC, 3 juillet 2011.

15. *ABC World News* avec Diane Sawyer, 13 janvier 2011.

a rejoint près de neuf millions de personnes dans le monde[16].

Sélectionné comme l'un des vingt-trois conférenciers qui allaient prendre part à l'opération, j'ai côtoyé Gore pendant deux jours dans les studios qui ont servi à retransmettre l'événement à partir de New York. Visiblement fébrile au début de la diffusion, à 20 heures, Gore regardait les présentateurs défiler un à un tout en surveillant les résultats obtenus en fait d'auditoire. À 22 h 20, alors que le réalisateur lui signalait qu'un présentateur qui avait eu des difficultés techniques risquait de dépasser le temps alloué à sa présentation, Gore l'invite à couper la discussion qui devait suivre, se retirant lui-même du panel d'analystes pour laisser toute la place au présentateur.

À 23 h 55, il était dans les coulisses pour me souhaiter bonne chance en français à quelques minutes de ma présentation. Prenant place sur scène, devant les caméras et une demi-douzaine de moniteurs, j'amorçais mon segment des 24 heures de réalité lorsqu'une erreur technique fit entendre l'interprétation simultanée de ma présentation en anglais alors que je tentais tant bien que mal d'entendre ma propre voix en français. Le problème dura une bonne dizaine de minutes, mais je réussis à tenir bon jusqu'à la fin, ce qui me valut des félicitations de la part de Gore et de l'équipe de production.

À 3 heures du matin, lorsque je suis parti, Gore tenait

---

16. Bryan Walsh, « Al Gore and the Alternate Realities of Climate Change », *Time*, 20 septembre 2011.

toujours bon, et à ma grande surprise, à mon arrivée le lendemain à midi, il était toujours là. Le voyant encore debout devant moi, je lui dis : « *Mr. Gore, you're the iron man* », ce à quoi il répondit simplement : « *No I'm not !* » Gore fit la dernière présentation à 19 heures, devant une salle comble et plusieurs centaines de milliers d'internautes, terminant un marathon de vingt-quatre heures qui avait rejoint près de 9 millions de personnes dans le monde.

Les présentations des 24 heures de réalité font état des événements météorologiques extrêmes qui se sont produits en 2010 et 2011. Des inondations catastrophiques ont affecté 20 millions de personnes au Pakistan en août 2010. Au même moment, une vague de chaleur et une sécheresse sans précédent ont provoqué la mort de 56 000 personnes et des incendies de forêt d'une envergure jamais vue en Russie. En 2010, la Colombie a reçu en une seule année cinq fois ses précipitations annuelles moyennes, ce qui a obligé 2 millions de personnes à évacuer leur résidence. En janvier 2011, des inondations en Australie ont recouvert une superficie équivalente à celle de la France et de l'Allemagne réunies[17]. La liste pourrait s'allonger. Bien qu'on ne puisse associer un seul événement météorologique aux changements climatiques, c'est l'augmentation de leur fréquence et de leur intensité qui permet de conclure à une tendance. Nous assistons à l'apparition d'une nouvelle normale climatique.

---

17. Source : Projet de la réalité climatique, présentation aux 24 heures de réalité.

Les catastrophes frappent indifféremment les pays riches et les pays pauvres, mais elles n'y ont pas les mêmes conséquences. Considérons par exemple un ouragan qui frappe la Floride. Il fera quelques dizaines de morts, plusieurs centaines de millions de dollars de dommages, et la vie reviendra à la normale après quelques semaines. Le même ouragan frappe la Nouvelle-Orléans, dans l'État le plus pauvre des États-Unis, et un scénario beaucoup plus grave se déroule sous nos yeux : 1 836 morts et une ville encore à reconstruire plusieurs années après la catastrophe. Si l'ouragan touche maintenant Haïti, le pays le plus pauvre de l'hémisphère nord, les morts se comptent en dizaines de milliers et le pays recule d'une décennie dans son développement. Les statistiques des Nations Unies confirment l'existence d'une courbe de mortalité exponentielle lors de catastrophes naturelles. Selon que l'on est dans un pays à développement humain élevé, moyen ou faible, la même catastrophe fera 100, 1 000 ou 10 000 morts. Le principal déterminant des effets d'une catastrophe météorologique n'est pas la force de celle-ci mais le niveau de développement.

C'est pourquoi plusieurs organismes humanitaires ont commencé à parler de justice climatique. Il y a en effet une profonde injustice à ce qu'un phénomène dû essentiellement à la pollution des pays riches ait des conséquences désastreuses sur les populations les plus pauvres de la planète. Les changements climatiques sont en voie de devenir la plus grande injustice de l'histoire.

« Nous entrons à présent dans une période de conséquences. » Gore utilise cette phrase de Winston Churchill, prononcée le 12 novembre 1936, trois ans avant le début de la Seconde Guerre mondiale, et faisant allusion à la montée de l'Allemagne nazie, pour marquer l'entrée dans l'ère des changements climatiques. En à peine une décennie, ce qui apparaissait probable est devenu réel.

Étant donné les nombreuses preuves de la réalité des changements climatiques et de leur accélération, comment se fait-il qu'une action décisive pour lutter contre le phénomène n'ait toujours pas été amorcée, vingt ans après la signature d'une entente internationale sur le sujet au premier sommet de Rio? Une bonne partie de la réponse se trouve du côté des lobbys anticlimat et de la campagne planétaire lancée il y a plus de vingt ans pour retarder la lutte contre les changements climatiques.

Dans un livre très bien documenté, *Climate Cover-Up*[18], Jim Hoggan, spécialiste des relations publiques, décrit en détail la campagne des climato-sceptiques (*deniers* en anglais). L'objectif de la campagne, tel qu'il est formulé dans une note secrète qui a circulé au début des années 1990, est de « repositionner le changement climatique comme théorie plutôt que comme fait ». Pour ce faire, les sceptiques ont déployé depuis deux décennies le même arsenal que celui qui a été utilisé à partir du début des années 1960 pour nier l'existence de liens entre la cigarette et le cancer.

À l'époque, des instituts ont été créés de toutes pièces pour faire contrepoids aux recherches scientifiques prou-

---

18. James Hoggan, *Climate Cover Up: The Crusade to Deny Global Warming*, Greystone Books, 2009. Transparence totale : Jim Hoggan est président de la Fondation David Suzuki et ancien président du Projet climatique Canada.

vant les dommages causés par le tabagisme. Des médecins ont été enrôlés pour soutenir que certains types de cigarettes étaient meilleurs pour la santé. Aucun de ces groupes n'a jamais réussi à produire de recherches scientifiques remettant en question les liens entre le tabagisme et le cancer. Ils ont seulement réussi à influencer l'opinion publique et les décideurs et à retarder ou à assouplir la réglementation sur le tabagisme pendant des décennies. Le tout en se cachant derrière de pseudo-instituts qui n'étaient en fait qu'un réseau créé de toutes pièces pour faire contrepoids aux études scientifiques de manière à amener le public à douter de la nécessité de combattre le tabagisme.

La vérité ne s'achète pas. L'opinion publique, elle, peut être infléchie, et une campagne de relations publiques savamment orchestrée peut arriver à semer le doute dans les esprits.

Transportons-nous maintenant deux décennies plus tard. La preuve scientifique sur la réalité des changements climatiques est écrasante. En vingt-cinq ans de recherches sur le climat, aucune étude parue dans une publication scientifique reconnue n'a remis en question le fait qu'un réchauffement est en cours et qu'il est causé par l'homme. Malgré leurs milliards, les lobbys du charbon et du pétrole ne sont toujours pas parvenus à produire des études scientifiques remettant en question la science du climat.

La vérité ne s'achète pas.

La stratégie déployée vise donc à transposer l'enjeu des changements climatiques sur le terrain du débat d'opinion, beaucoup plus facile à influencer. Sur ce plan, la campagne des sceptiques a eu, malheureusement, un succès retentissant. L'idée est simple : produire un point de vue, un discours divergent sur la question des changements climatiques, soutenu par des instituts qui, tel le Heartland Institute, se sont recyclés dans le climat après avoir délaissé la lutte pro-tabac. Cette constellation d'instituts dont le financement est lié de près ou de loin aux lobbys du pétrole et du charbon constituent ce que Hoggan appelle l'*echo-chamber*. Les instituts se citent entre eux, se font mutuellement écho et réussissent à produire l'impression que les débats qu'ils organisent sont scientifiques.

Cette impression est renforcée par la mobilisation de scientifiques spécialisés dans les interventions médiatiques et les conférences qui remettent en question la science du climat. Fait à noter, aucun d'entre eux n'a jamais produit d'étude scientifique sur les changements climatiques. À ma connaissance, il n'y a même aucun climatologue parmi eux. La plupart, sinon tous, sont, directement ou indirectement financés par les lobbys du pétrole et du charbon. On apprenait par exemple en juin 2011 que Willie Soon du Harvard-Smithsonian Center for Astrophysics avait reçu plus d'un million de dollars de financement de Koch Industries, de l'American Petroleum Institute et d'ExxonMobil pour des études qui concluaient que le réchauffement climatique était causé par les variations du rayonnement solaire. Depuis 2002, tout son financement provient de ces organisations[19].

---

19. Greenpeace, en ligne : www.greenpeace.org/usa/en/campaigns/global-warming-and-energy/polluterwatch/koch-industries/CASE-STUDY-Dr-Willie-Soon-a-Career-Fueled-by-Big-Oil-and-Coal/

Contrairement à la grande majorité des organismes et des chercheurs qui s'occupent de la lutte contre les changements climatiques, les instituts et les porte-parole de la campagne des sceptiques rendent rarement compte de leur financement et agissent en toute impunité.

Mais la campagne des sceptiques ne s'arrête pas là. Ils ont également fait appel à des annonceurs de bulletins météo et à Michael Crichton, l'auteur de *Jurassic Park* et de *State of Fear,* un thriller remettant en question l'existence des changements climatiques. Tout porte-parole est bon du moment qu'il permet au message des sceptiques d'entrer dans la sphère médiatique. Jim Hoggan qualifie cette pratique de *junk science* (science poubelle). Ce mode d'agir permet de trouver « un expert pour chaque occasion, un argument pour chaque position ».

Voici comment la stratégie fonctionne — j'ai moi-même eu l'occasion plus d'une fois d'y être exposé. Dans un souci d'impartialité, les médias tentent de refléter équitablement les deux points de vue, le plus souvent sans vérifier la validité des sources. Dans le monde des nouvelles instantanées, les journalistes ont de moins en moins de temps pour enquêter sur leurs sujets.

Par exemple, pendant la conférence de Copenhague à l'automne 2009, j'ai été invité par Radio-Canada à débattre avec un sceptique, Yves Pelletier, qui se présentait comme un banlieusard de la région de Montréal travaillant dans le domaine du multimédia. Il affirmait n'être nullement un expert dans le domaine du climat et opérait un blogue intitulé *Réchauffement climatique* qui reprenait essentiellement les écrits et les arguments des instituts climato-sceptiques mentionnés plus haut. Personne n'avait

entendu parler d'Yves Pelletier auparavant, et celui-ci
avait soudainement émergé, peu de temps avant le grand
rendez-vous de Copenhague. Ce premier débat, intitulé
« Et si la menace climatique n'existait pas ? », diffusé en
direct à la radio le 3 décembre 2009, fut aussi mon dernier.
Avant même que j'aie prononcé le premier mot, les sceptiques avaient gagné. Radio-Canada, probablement l'entreprise médiatique la plus crédible au pays, venait de
poser une question sans aucun fondement scientifique,
de contribuer à semer la confusion dans l'esprit du public
et d'offrir à un obscur climato-sceptique sorti d'on ne sait
où une vingtaine de minutes de temps d'antenne à une
heure de grande écoute. En prenant part à cette discussion, je suis moi-même tombé dans le piège habilement
tendu par des sceptiques qui menaient des campagnes
depuis vingt ans.

J'avais néanmoins avancé des arguments que je consi-
dérais être d'une importance fondamentale. Dès le début
de l'entrevue, j'avais demandé à l'animatrice, Christiane
Charette, si elle aurait invité un créationniste à débattre
avec un tenant de l'évolution des espèces. Malaise. Elle
avait évidemment répondu non. Je lui avais ensuite dit
que ce débat en était l'équivalent et qu'en ne distinguant
pas la science de l'opinion les médias faisaient le jeu du
lobby du charbon et du pétrole. Mais même en gagnant
sur le fond, je perdais sur le plan de la perception.

C'est ainsi que se trouvent traités sur le même pied un
point de vue appuyé par trois décennies de recherche, par
un consensus scientifique écrasant et par les faits, et un
point de vue scientifiquement non valide formulé par une
poignée d'instituts et de chercheurs soutenus par les lob-

bys du pétrole et du charbon. Dès que le débat s'amorce, les sceptiques ont gagné : ils ont réussi à faire croire au public que la question était débattue chez les scientifiques, alors que ce n'est pas du tout le cas. Ils ont installé le doute, pierre d'assise de toute leur stratégie.

Pourquoi ferait-on les sacrifices exigés par la lutte contre les changements climatiques si on n'a pas la certitude que le problème est réel ? Dans le doute, mieux vaut s'abstenir. Et c'est ainsi que les sceptiques ont gagné la bataille des médias alors qu'ils ont perdu la bataille scientifique, la seule qui compte vraiment. Alors que les liens entre l'activité humaine et les changements climatiques sont aujourd'hui indéniables et que la science du climat est reconnue par les académies des sciences des plus grands pays, les climato-sceptiques sont parvenus à obtenir un peu plus de la moitié de l'espace médiatique pour mettre de l'avant leur point de vue. Certains grands médias comme Fox News aux États-Unis, Sun News, le *National Post* ou même *Le Journal de Montréal* et *Le Journal de Québec* nient ouvertement l'existence des changements climatiques et soutiennent activement la campagne des climato-sceptiques. Chronique d'une des campagnes de relations publiques les plus efficaces de l'histoire.

Les résultats de la campagne des climato-sceptiques sont probants. D'après un sondage réalisé par l'université Yale en 2011, 64 % des Américains croient aux changements climatiques, mais seulement 47 % affirment que l'activité humaine en est la cause[20]. Une enquête réalisée

---

20. Yale Project on Climate Change Communications, *Climate*

au Royaume-Uni peu après le scandale du Climategate nous offre des chiffres révélateurs : en novembre 2009, 41 % des Britanniques étaient d'avis que les changements climatiques étaient une réalité et qu'ils étaient causés par l'homme, alors que 32 % disaient qu'ils étaient provoqués par des causes naturelles. Quinze pour cent affirmaient que le phénomène n'existait pas[21]. Trois mois plus tard, en février 2010, ces chiffres étaient respectivement de 26 %, 38 % et 25 %. La confiance à l'égard de la science du climat s'était effondrée en trois mois seulement[22]. Heureusement elle est depuis remontée à 68 %[23].

L'épisode du Climategate a fort probablement été un sommet d'infamie dans la campagne sournoise des sceptiques pour stopper une action décisive sur les changements climatiques. Rappelons les faits : le 20 novembre 2009, deux semaines avant la conférence de Copenhague, qui était cruciale puisqu'elle devait aboutir à un accord destiné à remplacer le protocole de Kyoto, des pirates informatiques ont percé la sécurité informatique

---

Change in the American Mind: Americans' Global Warming Beliefs and Attitudes in May 2011, George Mason University, Center for Climate Change Communications, mais 2011, en ligne : http:// environment.yale.edu/climate/files/ClimateBeliefsMay2011.pdf

21. « More Than Half of the UK Population Doesn't Accept Climate Change Is Man-Made », The Daily Mail, 14 novembre 2009.

22. « Climate Skepticism "On the rise", BBC Poll Shows », BBC News, 7 février 2010. Données du sondage, en ligne : http://news.bbc.co.uk/nol/shared/bsp/hi/pdfs/05_02_10climatechange.pdf

23. Damian Carrington, « Public Belief in Climate Change Weathers Storm, Poll Shows », The Guardian, 31 janvier 2011.

du Climate Research Unit de l'Université East Anglia en Angleterre, ont copié des milliers de courriels et les ont publiés sur divers sites Internet en utilisant des serveurs situés en Russie, en Arabie Saoudite et ailleurs. En quelques heures, la blogosphère et les médias avaient repris l'histoire, et les *spin doctors* des instituts climato-sceptiques ont dit y avoir trouvé la preuve que les scientifiques trafiquaient de manière concertée les données de façon à renforcer la théorie des changements climatiques.

L'événement fut un désastre de relations publiques pour le GIEC et de manière générale pour le soutien du public à la science du climat. Le Climategate est le récif sur lequel s'est échouée la vague créée par les écologistes et leurs alliés en vue de la signature d'un accord à Copenhague. Le cycle de nouvelles lancé par le Climategate s'est poursuivi pendant plusieurs semaines. La discussion ne portait plus sur la science elle-même, mais sur la crédibilité des scientifiques. Puisque la science est inattaquable, il fallait, encore une fois, attaquer ses messagers pour détruire leur crédibilité.

Plusieurs enquêtes ont été réalisées depuis et en sont venues à la conclusion qu'aucune fraude scientifique n'avait été commise et que rien dans ces courriels n'ébranlait le consensus scientifique. On ne remet pas en question vingt-cinq ans de recherche avec quelques milliers de courriels volés. En juillet 2010, le *New York Times* qualifiait le Climategate de « controverse manufacturée[24] ». Mais le

---

24. « A Climate Change Corrective », *The New York Times,* éditorial, 10 juillet 2010.

mal était fait et l'opération, véritable assaut contre la science, avait réussi, contribuant certainement à l'échec de la conférence de Copenhague et au marasme dans lequel se trouvent les négociations mondiales sur le climat depuis.

Le plus étonnant dans cette histoire est que les médias aient si peu examiné les sources de ces courriels et que les responsables de cet acte criminel n'aient jamais été identifiés. Il est impossible qu'une opération aussi brillamment exécutée, manifestement planifiée pour saboter la conférence de Copenhague, n'ait pas été orchestrée par un groupe très bien organisé et financé. Les sceptiques agissent à visage couvert. Leur financement est occulte. Leurs méthodes sont malhonnêtes, sinon carrément criminelles. Ils agissent en toute impunité.

Les scientifiques qui mènent des recherches sur le climat vivent maintenant dans un état de siège permanent et plusieurs reçoivent par courriel des menaces, parfois même des menaces de mort, à chacune de leurs interventions publiques. Les sceptiques veulent maintenant museler la science en recourant à l'intimidation. Leurs tactiques mafieuses démontrent qu'ils ne reculeront devant aucune méthode pour s'assurer que les citoyens demeurent incapables de prendre une décision démocratique éclairée. Après avoir contesté la crédibilité de la science, ils érodent maintenant les fondements de notre démocratie.

Dans la préface de *Climate Cover-Up*, Jim Hoggan écrit, à propos de la campagne des sceptiques : « C'est une histoire de trahison, une histoire d'égoïsme, de cupidité et d'irresponsabilité à une échelle épique. Dans ses chapitres les plus sombres, c'est une histoire de tromperie, d'empoi-

sonnement du jugement public — une attaque anti-
démocratique de nos structures politiques et une stratégie
délibérée de sape du travail des journalistes qui gardent
nos institutions sociales honnêtes[25]. » On pourrait ajouter : un assaut frontal contre la science et la raison visant à
détourner les institutions politiques de l'intérêt général
vers les intérêts particuliers.

Dans son livre paru en 2007, *The Assault on Reason*, Al
Gore dénonce le fait que « la raison, la logique et la vérité
semblent jouer un rôle beaucoup moins important dans
la façon dont l'Amérique prend maintenant des décisions
importantes[26] ». Étant donné l'histoire récente, cette affirmation apparaît bien en deçà de la vérité. Sous l'impulsion de groupes radicaux comme le Tea Party et de médias
comme Fox News, le mensonge et la calomnie sont devenus les armes de prédilection d'un courant de droite qui
a contaminé l'espace public nord-américain. La montée
de la droite radicale a également contribué à polariser
l'opinion sur des enjeux capitaux comme la santé, la fiscalité et l'environnement. Alors que le champ de bataille
des luttes de la droite radicale se limitait auparavant aux
enjeux moraux comme l'avortement, la peine de mort, le
port d'arme ou la criminalité, il s'étend maintenant à l'ensemble des politiques publiques. En juillet 2011, les républicains à la Chambre des représentants ont salué comme
une victoire de la liberté un vote approuvant les réduc-

25. James Hoggan, *Climate Cover Up*.

26. Al Gore, *The Asssault on Reason*, New York, Penguin Books,
2007, p. 1-2.

tions de budget dans les programmes d'achat d'ampoules éco-énergétiques[27]. Même les ampoules électriques sont devenues un enjeu moral. Ne nous y trompons pas : l'enjeu du vote est de faire des compressions dans les programmes d'efficacité énergétique dans le transport et le bâtiment de façon à maintenir une forte demande énergétique profitant à l'industrie du charbon, du pétrole et du gaz. L'idée de liberté elle-même a été enrôlée dans cette bataille absurde.

Les débats politiques aux États-Unis, et dans une moindre mesure au Canada, ont perdu tout contact avec la réalité. Dans les discussions qui ont précédé l'adoption de la réforme du système de santé américain, des dizaines de milliers de militants de droite ont manifesté dans le pays pour s'assurer que 46 millions d'Américains continueront d'être privés de couverture médicale et que le pays continuera de dépenser 18 % de son PIB dans la santé, le plus haut taux de tous les pays industrialisés[28]. Largement financés par les lobbys des industries des services de santé, ils ont accusé le président Obama de vouloir instituer des tribunaux qui euthanasieraient les grands-mères. Faire dérailler le débat à tout prix, polariser l'opinion de manière à paralyser le processus de réforme

27. Suzanne Goldenberg, « Republicans Declare Victory for Freedom After House Votes on Lightbulbs », *The Guardian*, 15 juillet 2011.

28. Executive Office of the President Council of Economic Advisers, « The Economic Case for Health Care Reform », juin 2009, en ligne : www.whitehouse.gov/assets/documents/CEA_Health_Care_Report.pdf

de la santé qui favoriserait la majorité au détriment des intérêts particuliers d'un lobby milliardaire.

L'économie américaine a aussi perdu tout contact avec la réalité en raison du poids des lobbys du secteur financier. Le documentaire *Inside Job* de Charles Ferguson (2010) traite des trente années de déréglementation qui ont mené à l'effondrement du système financier américain en 2008. Avec quatre lobbyistes au Congrès américain pour chaque congressiste et avec des contributions électorales de plusieurs centaines de millions chaque année, le lobby de Wall Street a réussi à faire de la déréglementation un enjeu non partisan, soutenu à la fois par les démocrates de Bill Clinton que les républicains de George Bush. Les financiers de Wall Street ont créé un système parfait où ils engrangeaient des revenus faramineux sur la base d'hypothèques non solvables, alimentant l'idée complètement farfelue que le système financier pouvait créer de la richesse à partir de rien. Le tout avec l'appui du président et du Congrès américain. Les garde-fous qui séparaient les banques, les assureurs, les vérificateurs comptables et les agences de cotation ont été démantelés, créant des conflits d'intérêts gigantesques.

Ce qui devait arriver arriva. Ce système de *voodoo economics* s'est effondré comme un château de cartes.

Plombés par des créances insolvables dont ils ignoraient parfois même l'existence, plusieurs banques se sont effondrées. La banque Lehman Brothers s'est déclarée insolvable le 9 septembre 2008. Fait ahurissant, quelques jours plus tôt les agences de crédit continuaient de lui attribuer la cote AAA, soit la meilleure cote de crédit. Devant la menace d'un effondrement complet du système financier, le gouvernement américain autorisa l'injection de 700 milliards en liquidités pour renflouer les banques[29]. C'est le syndrome du *too big to fail*. Les banques américaines, après deux décennies de fusions et d'acquisitions, sont devenues trop grosses pour qu'on les laisse faire faillite, puisque cela entraînerait un effondrement du système financier. C'est pourquoi le gouvernement américain fut forcé d'y injecter des capitaux. Ce faisant, une dette privée a été convertie en dette publique.

Le réalisateur d'*Inside Job*, Charles Ferguson, associe le système qui a mené à cette catastrophe financière à une gigantesque fraude pyramidale à la Ponzi. Les dirigeants des institutions financières étaient rémunérés en fonction des rendements obtenus. Ils recevaient des bonis faramineux s'ils faisaient des gains, mais ne voyaient pas leur rémunération baisser s'ils causaient des pertes. Ils ne pouvaient pas perdre. Les incitatifs que comportait une telle structure de rémunération les ont menés à prendre des risques toujours plus grands, accumulant des bonis qui dépassent l'entendement. Les dirigeants des institutions financières, trônant au sommet de la pyramide, ont joué au casino avec l'argent du système financier international. Les quelques personnes qui ont osé critiquer le système ont été complètement marginalisées.

C'est ainsi que ce système de corruption généralisée et légale s'est nourri d'un argent fictif pendant presque une décennie dans une fuite en avant absurde qui produisait

---

29. « Credit Crisis. Bailout Plan (TARP) », *The New York Times*, 7 décembre 2010.

des millionnaires sur Wall Street, mais qui mettait en danger l'économie mondiale et qui a éventuellement jeté à la rue des millions de citoyens ordinaires. Wall Street a siphonné Main Street USA, puis le gouvernement américain. Les revenus sont allés du côté des dirigeants du secteur financier, et les dettes du côté de l'État et des citoyens qui, en plus de devoir rembourser leurs hypothèques, devront maintenant rembourser la dette publique pendant plusieurs décennies.

Lorsqu'il a reçu l'Oscar du meilleur documentaire en 2011, Ferguson a déploré que personne n'ait été emprisonné à la suite de ces événements. Personne n'a encore été reconnu responsable de ce fiasco financier planétaire. Le système mis en place était parfait : chacun agissait comme un maillon du système, mais personne n'en était responsable à lui seul. Personne qu'on puisse pointer du doigt. Pourtant, les événements qui ont mené à l'effondrement financier de 2008 sont le résultat des efforts concertés de lobbying déployés par les acteurs du système financier. Ce sont eux qui ont demandé et obtenu la libéralisation du secteur financier et qui ont fait des représentations en vue d'obtenir qu'il puisse s'autoréglementer pour être performant.

La vie est douce pour les criminels à col blanc.

Nous vivons encore dans la période des conséquences du laisser-aller financier qui a fait de l'économie mondiale un gigantesque casino. Les États-Unis ont maintenant une dette record et ont du mal à répondre à leurs obligations financières. Cet endettement est causé entre autres par les guerres en Irak et en Afghanistan, le renflouement du secteur financier et les investissements massifs faits par le gouvernement américain pour relancer l'économie du pays après la crise de 2008-2009. Les baisses d'impôt consenties par l'administration Bush aux plus riches viennent s'ajouter à cette situation pour enfoncer les États-Unis dans l'endettement.

La droite nord-américaine a perdu tout contact avec la réalité. Après avoir soutenu la déréglementation pendant une génération, mené les États-Unis à une guerre inutile en Irak, stoppé l'action sur les changements climatiques, pratiquement anéanti la tentative de réforme de la santé aux États-Unis, elle s'oppose maintenant à une augmentation de la contribution fiscale des 18 000 ménages faisant plus d'un demi-million de dollars par année et qui ne paient pratiquement aucun impôt[30]. On tente aujourd'hui de convaincre l'Américain moyen qu'il s'enrichira si on baisse les impôts des plus riches, alors que c'est tout à fait le contraire qui se produira. Quelqu'un devra rembourser la dette, et le cinquième des Américains les mieux nantis, qui accaparent aujourd'hui 87,2 % de la richesse du pays, doivent payer beaucoup plus d'impôts que les quatre cinquièmes de la population qui ne possèdent plus que 12,8 % de la richesse américaine. La crise de 2008 a fait reculer de vingt-cinq ans la richesse de cette dernière catégorie de contribuables, à son niveau de 1983[31]. Tout

---

30. Jeanne Sahadi, « Millionaires Who Owe No Federal Income Tax », CNN Money, 9 mai 2011, en ligne : http://money.cnn.com/2011/05/09/pf/taxes/millionaires_income_tax/index.htm

31. Sylvia Allegretto, « The State of Working America's Wealth, 2011 », Economic Policy Institute Briefing Paper, 2011, en ligne : www.epi.org/page/-/BriefingPaper292.pdf

cela prouve de façon éloquente que les intérêts particuliers des plus riches aux États-Unis sont mieux défendus que ceux de la majorité.

La réalité doit reprendre ses droits devant l'idéologie et les intérêts particuliers. Le Tea Party, Fox News et les autres mouvements conservateurs qui polluent l'espace public et usent sans cesse de tactiques d'intimidation mensongères doivent être stoppés et les riches intérêts qui les financent démasqués. Après leur passage, l'espace public est transformé en terre brûlée. La démocratie s'érode, pour le plus grand plaisir de ceux qui souhaitent faire disparaître la diversité des points de vue et de ceux qui veulent se servir de cela pour s'enrichir.

Dans un long texte publié dans le magazine *Rolling Stone* en juin 2011, Al Gore avance une explication à propos de la détérioration de l'espace public aux États-Unis[32]. L'importance de la télévision dans les campagnes électorales américaines a complètement transformé l'espace public en quelques décennies. Les coûts de la publicité télévisée constituent une formidable barrière financière pour quiconque désire se lancer dans l'arène politique. Selon Gore, « l'espace public qui était autrefois un bien commun a été re-féodalisé, et ses gardiens prélèvent des rentes importantes pour octroyer le privilège de communiquer au peuple américain au moyen du seul média qui touche

---

32. Al Gore, « Al Gore: Climate of Denial. Can Science and the Truth Withstand the Merchants of Poison? », *Rolling Stone*, 22 juin 2011, en ligne : http://www.rollingstone.com/politics/news/climate-of-denial-20110622

vraiment leur façon de penser[33] ». Ainsi, jusqu'à 80 % des budgets de campagne des candidats sont désormais dédiés à l'achat de spots publicitaires de trente secondes. Puisque le coût de ces publicités augmente sans cesse, les candidats sont forcés d'obtenir de plus en plus de financement pour assurer leur réélection tous les deux ans. Les seules sources de financement possibles sont les lobbys d'affaires. Les syndicats, grandement affaiblis, ne font plus le poids, et les citoyens ne peuvent faire que de petites contributions, conformément à la loi. Une récente déréglementation du financement électoral qui permet maintenant des contributions illimitées et secrètes de la part d'entreprises est venue aggraver la situation. Les conditions sont réunies pour une appropriation intégrale du système politique par les intérêts particuliers des lobbys d'affaires.

Il est d'ailleurs intéressant de noter que le Tea Party est apparu au moment même où les contributions secrètes ont été permises. Il est tout à fait clair que ce « mouvement citoyen » a été créé de toutes pièces pour promouvoir les intérêts de lobbys puissants tels que celui du charbon. Le Tea Party, formidable machine de mobilisation et d'intimidation, est rapidement parvenu à procurer des victoires réelles à ses bailleurs de fonds, semant au passage la pagaille dans l'ensemble du système politique américain.

Gore dénonce cet état de fait : « Dans la nouvelle écologie du discours politique, les intérêts particuliers qui fournissent le financement maintenant nécessaire pour avoir le privilège de s'adresser aux électeurs à grande

---

33. *Ibid.*

échelle s'attendent à un retour d'ascenseur[34]. » Cela crée les conditions d'un chantage permanent puisque les lobbys peuvent menacer de retirer leur financement ou de l'offrir à d'autres politiciens prêts à offrir les garanties de résultat requises. Gore affirme qu'il n'est pas rare que des représentants et des sénateurs élus il y a des décennies dénoncent en privé l'érosion des valeurs fondamentales de la démocratie américaine.

En fait, Gore dénonce rien de moins que l'établissement d'une *lobbycratie* où les individus les plus riches et les entreprises imposent leur vision au détriment des préoccupations des Américains moyens, et il donne comme exemple le fait que l'élimination de l'impôt sur la succession acquitté par 1 % des familles les plus riches est considérée comme une priorité plus élevée que l'aide aux millions de chômeurs de longue durée, ou le fait que la légalisation de ce qu'il appelle le *gambling* financier est tenue pour plus importante que le maintien de l'intégrité du système financier ou que la protection des propriétaires de maisons appartenant à la classe moyenne.

Gore ajoute : « Presque tous les groupes organisés pour promouvoir et protéger l'"intérêt public" sont aujourd'hui sur la défensive. Par contraste, lorsqu'une coalition de puissants intérêts particuliers entreprend de manipuler la politique américaine, son impact peut être saisissant — et les dommages au véritable intérêt national peuvent être dévastateurs[35]. » La situation est la même au Canada,

---

34. *Ibid.*
35. *Ibid.*

puisque les groupes écologistes, les groupes de défense des droits de la personne ou les organismes faisant la promotion du développement humain subissent les assauts systématiques et répétés des médias de droite du pays et du gouvernement conservateur qui n'hésitent pas à les qualifier de radicaux ou d'ennemis du Canada. Pendant ce temps, les lobbys des armes à feu, de l'armement militaire et du pétrole font la pluie et le beau temps dans le pays.

Pour Gore, cette force décuplée des lobbys d'affaires a mené à la guerre d'Irak, à l'effondrement du système financier et, bien entendu, au blocage devenu presque permanent du Congrès américain, qui a cessé toute action décisive contre les changements climatiques. La démocratie et les institutions publiques sont devenues des instruments d'enrichissement et les questions de vérité et d'intérêt public ont été converties en questions de pouvoir et d'influence. C'est ainsi que le système politique américain a perdu le contact avec la réalité. Avec son travail de sape des institutions démocratiques et de l'espace public, la droite canadienne cherche à importer ce modèle au Canada.

Les lobbys sont devenus tout-puissants dans la capitale américaine. Au Canada, où les lois sur le financement des partis politiques permettent une certaine protection de l'espace public, les lobbys sont également omniprésents. De juillet 2008 à décembre 2011, les lobbyistes du pétrole ont obtenu plus de 1 100 rencontres avec des élus ou des fonctionnaires fédéraux[36]. En juillet 2011, une ren-

---

36. Malorie Beauchemin, « Industrie pétrolière et conservateurs : plus de 1 100 rencontres depuis trois ans », *La Presse*, 31 mars 2011.

contre des ministres canadiens de l'énergie fut même commanditée par l'industrie pétrolière[37]. Qui pourrait dès lors s'étonner que la politique canadienne relative aux changements climatiques soit tenue en otage par la seule industrie pétrolière depuis plus d'une décennie ?

La situation canadienne est inquiétante. Le Parti conservateur au pouvoir a résolu de cesser d'octroyer un financement public aux groupes d'intérêts qui s'opposent à ses politiques, ce qui inclut les partis d'opposition qui bénéficient de ce financement depuis le milieu de la dernière décennie. Ce travail systématique d'érosion financière de la diversité des points de vue s'accélère depuis que le Parti conservateur a obtenu une majorité, ce qui lui permet de légiférer comme bon lui semble. L'espace public canadien s'américanise au profit de groupes d'intérêts au financement occulte qui sont déterminés à faire prendre au pays un virage à droite qui appauvrira le Canadien moyen.

Le Canada, où il fallait traditionnellement gouverner au centre, se polarise maintenant entre gauche et droite dans un pays de plus en plus divisé. Cette division, combinée à une baisse du taux de participation de l'électorat, profite à une droite radicalisée qui peut obtenir une majorité avec 39,6 % des suffrages et un taux de participation de 61,4 %[38]. Pour gouverner, le Parti conservateur a besoin de l'appui de moins d'un Canadien sur quatre. Il

---

37. Lise Millette, « L'industrie pétrolière finance une réunion ministérielle sur l'énergie », *La Presse Canadienne*, 17 juillet 2011.

38. Source : Élections Canada.

sait où les trouver et il ne fait même plus l'effort de rassembler les autres électeurs autour de son programme. Le Parti conservateur sert aux Canadiens le marketing politique dans ce qu'il a de plus cynique : des messages taillés sur mesure pour quelques clientèles stratégiques et un désintérêt pour les « clientèles » non acquises. À cela s'ajoute une culture du secret et un contrôle total de l'information joint à un mépris des institutions politiques. L'information et les institutions démocratiques : deux piliers de la démocratie. Deux fondements du pouvoir citoyen. Mais aussi deux obstacles à l'exercice d'un pouvoir idéologique centralisé et servant les intérêts du plus fort. Les néoconservateurs ont gagné le Canada. Après leur passage, le pays aura changé. Pour le pire.

Dans son texte paru dans *Rolling Stone,* Gore répond en une phrase assassine à tous les mensonges colportés par la droite néoconservatrice depuis une décennie : « Voici la vérité : La Terre est ronde, Saddam Hussein ne nous a pas attaqués le 11 septembre 2001, Elvis est mort, Barack Obama est né aux États-Unis, et la crise climatique est réelle. Le temps est venu d'agir. » Il ajoute ce cri du cœur : « Voici le cœur de la question : nous détruisons l'équilibre climatique qui est essentiel à la survie de notre civilisation. Ce n'est pas une menace lointaine ou abstraite, cela se passe maintenant. [...] Continuer sur la même voie serait suicidaire pour notre civilisation[39]. »

Gore conclut que ceux qui profitent de l'inaction dans le dossier des changements climatiques sont déterminés

---

39. Al Gore, « Al Gore : Climate of Denial ».

à empêcher que nous percevions cette crise. Ils reçoivent l'aide de plusieurs groupes, dont le secteur privé qui est maintenant libre de faire des contributions de campagne illimitées et secrètes, les politiciens qui confondent leur réélection et l'intérêt supérieur du peuple, et même les médias qui traitent la tromperie et le mensonge sur le même plan que la science sous prétexte de neutralité journalistique.

Pour Gore, le temps est venu de faire face à la réalité. Nous avons ignoré la réalité du système financier et avons presque détruit l'économie mondiale. Nous ignorons aujourd'hui la crise climatique, et les conséquences de notre inaction risquent d'être catastrophiques. Gore affirme que la réalité doit reprendre ses droits et que nos démocraties doivent redevenir capables de faire usage du sens commun et de la raison pour arriver à un accord sur les décisions que nous devons prendre pour assurer notre avenir.

L'humanité est à la croisée des chemins. Nous avons le choix de continuer d'exploiter sans retenue les combustibles fossiles et de laisser aux générations à venir la responsabilité de vivre avec les conséquences d'un réchauffement catastrophique de plus de quatre degrés. Nous pouvons également nous tourner vers les énergies renouvelables — solaire, éolien, géothermie et biomasse — et amorcer un virage vers l'efficacité énergétique qui créera une vraie richesse à long terme. D'après un rapport du GIEC publié en mai 2011, le monde pourrait produire 80 % de son énergie de sources renouvelables en 2050 en investissant dès aujourd'hui 1 % de son PIB dans cette conversion, ce qui est largement inférieur aux coûts d'une adaptation aux changements climatiques dans un scénario de laisser-aller. La clé de la réussite : des politiques publiques qui encouragent ce virage[40].

Mais les politiques présentement en place soutiennent massivement l'économie fondée sur le carbone. Dans *Our Choice*, publié en 2010, Al Gore fait l'affirmation suivante : « Les États-Unis empruntent à la Chine pour acheter du pétrole produit par des dictatures et des pays instables qui nuisent à notre sécurité, un pétrole qui contribue à la crise climatique. Chaque partie de cette équation doit changer[41]. » Des centaines de milliards de dollars sont engloutis chaque jour pour alimenter cette économie destructrice qui se nourrit d'elle-même.

Les lobbys du pétrole et du charbon et, dans une moindre mesure, ceux du gaz sont infiniment plus puissants que ceux des énergies renouvelables encore naissantes. Dans tous les pays où ils sont présents, ces lobbys ont réussi à infléchir les politiques publiques, la réglementation et la fiscalité en leur faveur. Dans les pays en développement, ils ont soutenu des dictatures, violé les droits de la personne, laissé derrière eux des catastrophes environnementales à grande échelle. Le plus souvent impunément. Dans une conférence à laquelle j'ai assisté à Vancouver, Naomi Klein, auteure et militante écologiste célèbre, a dit que l'industrie pétrolière absorbe tout autour d'elle :

---

40. IPCC, *Renewable Energy Sources and Climate Change Mitigation: Special Report of the Intergovernmental Panel on Climate Change*, Cambridge University Press, 2011.

41. Al Gore, *Our Choice: A Plan for Solving the Climate Crisis*, Rodale Books, 2009.

économie, gouvernements, politiques publiques, communautés. L'argent du pétrole corrompt tout. Le pétrole est une drogue dont l'emprise s'étend à notre économie, notre société et nos institutions politiques, en plus de transformer notre climat.

La puissance pétrolière est telle qu'elle est même parvenue à faire plier les gouvernements des pays les plus puissants de la planète à ses intérêts. Devant de tels lobbys, les lobbys naissants des énergies renouvelables ne font pas le poids, ce qui ne les empêche pas de recevoir un certain soutien de la part des gouvernements, mais beaucoup moindre que celui dont bénéficient les secteurs du pétrole et du charbon.

L'humanité est à la croisée des chemins, mais elle semble en ce moment accélérer la cadence dans les deux directions : du côté des énergies fossiles où les investissements redoublent pour augmenter les réserves exploitables, et du côté des énergies renouvelables où s'est amorcée une véritable course entre la Chine, les États-Unis et l'Europe pour produire et mettre sur le marché les énergies de l'avenir. Selon Thomas Friedman, chroniqueur au *New York Times,* on se trouve en face d'une nouvelle course à la Lune[42].

L'humanité accélère dans deux directions opposées. Deux options radicalement différentes pour notre avenir. D'un côté, le maintien de l'économie fondée sur le carbone. De l'autre, une économie fondée sur les énergies

---

42. Friedman, Thomas, *Hot, Flat, and Crowded: Why We Need a Green Revolution — and How It Can Renew America,* Farrar, Straus and Giroux, 2008.

renouvelables. Entre les deux, une modification fondamentale de la manière dont nous produisons et consommons l'énergie, dont nous nous déplaçons, construisons nos maisons et nos villes. Pour l'instant, le poids de l'inertie et des lobbys favorise le statu quo. L'économie fondée sur le carbone continue d'avoir le vent dans les voiles avec des conséquences de plus en plus graves.

Un rapport publié à l'été 2011 par la Carbon Tracking Initiative met en évidence l'ampleur du risque que fait courir le secteur pétrolier au système financier mondial. Le rapport note que, pour limiter l'augmentation de la température terrestre à deux degrés centigrades, la quantité totale d'émissions de gaz à effet de serre libérée dans l'atmosphère ne doit pas dépasser 565 gigatonnes. Mais les réserves prouvées des compagnies minières et pétrolières équivalent à 2 795 gigatonnes. Cela signifie que si la communauté internationale agit efficacement pour contrer la menace climatique, ces ressources ne pourront jamais être exploitées et devront être rayées des actifs de ces compagnies. Les conséquences financières seraient majeures, d'autant plus que des sommes considérables sont investies en exploration et que de nouveaux gisements sont découverts chaque jour[43].

En Angleterre, cinq des dix plus importantes compagnies de l'indice FTSE sont directement liées à l'économie du carbone et comptent à elles seules pour 25 % de la

---

43. Carbon Tracker Initiative, « Unburnable Carbon — Are the World's Financial Markets Carrying a Carbon Bubble? », 2011, en ligne : www.carbontracker.org/wp-content/uploads/down loads/2011/07/Unburnable-Carbon-Full-rev2.pdf

capitalisation boursière de l'indice[44]. Au Canada, la Bourse de Toronto se vante d'accueillir plus de 400 compagnies dans le secteur énergétique, principalement dans le pétrole et le gaz, soit plus que toute autre bourse dans le monde. La capitalisation combinée de ces compagnies dépasse 378 milliards de dollars[45]. Ces entreprises, et leurs investisseurs, continuent de miser sur l'économie fondée sur le carbone, ce qui nous place devant un cruel dilemme : causer des dommages irréversibles au climat ou s'exposer à une crise financière. Ceux qui continuent à investir massivement dans l'économie du carbone font monter les enchères dans cette partie de poker climatique.

L'épuisement graduel des sources de pétrole et de gaz traditionnelles oblige également les compagnies pétrolières et gazières à exploiter des sources non traditionnelles plus coûteuses, plus risquées et plus dommageables pour l'environnement. C'est le cas notamment des forages en eau profonde comme celui de la plateforme *Deepwater Horizon*, qui a mené au déversement de 4,9 millions de barils de pétrole dans le golfe du Mexique en 2010, soit le plus grand déversement de l'histoire des États-Unis et très certainement l'une des plus graves catastrophes environnementales de l'histoire[46].

---

44. Damian Carrington, « Fossil Fuels Are Sub-prime Assets, Bank of England Governor Warned », *The Guardian,* 19 janvier 2012.

45. Source : www.tmx.com/en/listings/sector_profiles/energy. html (consulté le 9 février 2012).

46. Jim Polson, « BP Oil Still Ashore One Year After End of Gulf Spill », *Bloomberg,* 15 juillet 2011.

Après l'imposition par le gouvernement Obama d'un moratoire temporaire sur les forages en milieu marin, le Congrès américain, sous l'impulsion des républicains, souhaite maintenant lever les restrictions aux forages en mer dans l'ensemble des régions côtières américaines, y compris les côtes atlantique et pacifique. L'industrie souhaite également forer dans des réserves naturelles protégées et dans l'Arctique, et elle continue d'exercer un lobby intense pour parvenir à ses fins.

Au Canada, un moratoire tient toujours sur la côte Ouest, mais l'industrie, appuyée par les gouvernements provinciaux de Terre-Neuve et du Québec, souhaite forer dans le golfe du Saint-Laurent, une mer semi-fermée six fois et demie plus petite que le golfe du Mexique, où l'exploitation aurait des effets très néfastes sur les communautés côtières, notamment dans le secteur des pêches et du tourisme. Les impacts sur le milieu marin seraient également négatifs.

Bien que les déversements de grande envergure soient peu fréquents, les déversements de pétrole à petite échelle sont chose courante, tant en milieu marin qu'en milieu terrestre. En milieu marin, on ne récupère généralement que 10 % à 15 % du pétrole déversé[47]. Lors de la catastrophe du golfe du Mexique en 2010, BP a déversé des quantités considérables de Corexit, un dispersant chimique qui était destiné à dissoudre la nappe de pétrole au fond de la mer plutôt que de la voir s'échouer sur les

---

47. Jeanna Bryner, « Experts: Most of the Gulf Oil Spill Won't Be Cleaned Up », *Live Science*, 29 avril 2010.

plages de Floride, du Mississippi et de l'Alabama. Une expérience chimique à grande échelle effectuée dans un milieu naturel fragile.

On peine à imaginer ce à quoi ressemblerait une opération d'urgence dans l'Arctique, ou même dans le golfe du Saint-Laurent en hiver, à travers les glaces et dans des conditions météorologiques qui bloquent les équipes de secours. Si l'industrie ne parvient pas à récupérer le pétrole déversé lorsqu'elle bénéficie de conditions idéales comme dans le golfe du Mexique, comment peut-elle prétendre agir de manière sécuritaire dans des conditions extrêmes ? La vérité est que les forages en milieu marin sont de plus en plus risqués et que l'industrie se satisfait de mesures de sécurité qui ne sont pas crédibles.

Le cas des sables bitumineux, une autre source non traditionnelle de pétrole, démontre lui aussi les dommages que l'industrie pétrolière peut provoquer. Chaque baril de pétrole extrait des sables bitumineux engendre de trois à quatre fois plus d'émissions de GES[48] et utilise dix fois plus d'eau qu'un baril de pétrole « normal[49] ». Les sables bitumineux représentent à eux seuls 6,5 % des émissions de GES du Canada[50], et ces émissions croissent

---

48. Institut Pembina, « Oil Sands Watch », en ligne : www.pembina.org/oil-sands/os101/climate (consulté le 10 février 2012).

49. World Water Assessment Programmme, World Water Development Report 3. Water in a Changing World, Paris, Unesco, 2009, en ligne : www.unesco.org/new/en/natural-sciences/environment/water/wwap/wwdr/wwdr3-2009/downloads-wwdr3/

50. Gouvernement du Canada, « Oil Sands: A Strategic Resource

plus que celles de tous les secteurs industriels canadiens[51]. L'industrie des sables bitumineux utilise 359 millions de mètres cubes d'eau annuellement[52]. Au terme du processus d'extraction, cette eau est accumulée dans des bassins qui couvrent aujourd'hui une superficie totale de 170 kilomètres carrés, soit trois fois l'île de Manhattan[53]. L'exploitation des sables bitumineux entraîne un déversement permanent d'eaux toxiques. Elle transforme des portions gigantesques de forêt boréale en paysage lunaire, ce qui leur a valu d'être qualifiés de *dark satanic mills* (« sombres moulins sataniques ») par le magazine *National Geographic*[54].

L'industrie affirme que ses bassins sont étanches, mais, selon certaines estimations, entre 11 et 12,6 millions de litres d'eaux toxiques fuient chaque jour[55], et, en l'absence de données accessibles au public, la seule source d'information sur la contamination dans la région demeure l'industrie elle-même, qui a choisi de mener une campagne de relations publiques plutôt que de décrire ses impacts sur l'environnement. Le gouvernement de l'Alberta et le

---

for Canada, North America and the Global Market », 2011, en ligne : www.nrcan.gc.ca/energy/sites/www.nrcan.gc.ca.energy/files/files/OilSands-GHGEmissions_e.pdf

51. Institut Pembina, « Oil Sands Watch ».

52. *Ibid.*

53. *Ibid.*

54. Robert Kunzig, « Scraping Bottom », *National Geographic Magazine,* mars 2009.

55. Institut Pembina, « Oil Sands Watch ».

gouvernement canadien laissent l'industrie gérer elle-même ses impacts environnementaux et continuent de respecter le secret qui entoure l'exploitation du plus gros projet industriel au monde. Un groupe d'experts mandaté par le ministre de l'Environnement du Canada et présidé par l'ancienne directrice du Programme des Nations Unies pour l'environnement, Elizabeth Dowdeswell, a conclu en décembre 2010 que le Canada ne disposait pas de système adéquat de surveillance de la contamination de l'eau dans les sables bitumineux, et ce, après plus d'une décennie d'exploitation à grande échelle[56]. En d'autres termes, personne ne connaît l'étendue de la contamination.

Cette contamination intéresse tout particulièrement la communauté chipewyan d'Athabasca, en aval des gisements de sables bitumineux, où des taux de cancer anormalement élevés ont été relevés. La communauté réclame toujours une enquête indépendante pour faire la lumière sur les causes de ces cancers, qui pourraient avoir un lien avec la contamination de l'eau et de l'air par des produits chimiques et des métaux lourds. Comme ailleurs dans le monde, l'industrie pétrolière fait peu de cas des populations locales, et en particulier des peuples autochtones qui se trouvent sur son chemin.

Cela n'a pas empêché l'industrie, avec le soutien du ministre de l'Environnement du Canada, Peter Kent, ainsi que le ministre des Ressources naturelles, Joe Oliver, de qualifier le pétrole des sables bitumineux de pétrole

---

56. « Oilsands Panel Recommends Critical Fixes », CBC News, 21 décembre 2010, en ligne : www.cbc.ca/news/politics/story/2010/12/21/oilsands-pollution-report.html

« éthique » et de se lancer dans une campagne internationale de relations publiques visant à redorer son image. Quand deux ministres d'un pays, spécialement le ministre de l'Environnement, deviennent les relationnistes de son industrie la plus polluante, on comprend que la confusion des rôles la plus totale s'est installée au sommet de l'appareil gouvernemental. Le Canada confond aujourd'hui l'intérêt national avec celui des entreprises qui exploitent les sables bitumineux et se soucie peu des effets de ces derniers sur les changements climatiques, la santé humaine ou l'environnement. Peu importe ce qu'il en coûtera aux générations à venir pour restaurer et décontaminer les sites ravagés par l'exploitation des sables bitumineux, si tant est que la chose soit un jour possible.

L'Amérique du Nord et, dans une moindre mesure, l'Europe font également face à l'arrivée d'une autre ressource énergétique non traditionnelle, les gaz de schiste. Une nouvelle technologie appelée fracturation hydraulique permet de libérer des poches de gaz naturel contenues dans des formations géologiques qui étaient jusqu'à récemment inexploitables. L'industrie souhaite remplacer les sources de gaz traditionnelles, qui s'épuisent graduellement, par cette nouvelle ressource. Des dizaines de milliers de puits ont été forés en Amérique du Nord, et bien qu'il soit encore tôt pour mesurer l'ensemble des impacts de cette nouvelle industrie, ceux-ci apparaissent graduellement au grand jour.

Dès sa naissance, l'industrie des gaz de schiste a été exemptée du Clean Water Act par le gouvernement Bush-Cheney, ce qui l'a autorisée *de facto* à pratiquer des interventions qui ont des impacts sur les cours d'eau ou les nappes phréatiques. Plusieurs cas de contamination de l'eau par des produits chimiques utilisés dans le procédé de fracturation ont été recensés en Amérique du Nord, ce qui a amené l'agence environnementale américaine, l'EPA, à enquêter sur le sujet. La question des émissions fugitives des gaz de schiste fait toujours l'objet de débats. Une étude de l'université Cornell avançait au printemps 2011 que les émissions fugitives résultant de l'extraction des gaz de schiste seraient très largement supérieures à celles du gaz traditionnel, ce qui fait douter que ce gaz non traditionnel puisse être utile dans la lutte contre les changements climatiques[57]. Une autre étude publiée au début de 2012 par la National Oceanic and Atmospheric Administration (NOAA), fondée sur des mesures empiriques, conclut également que les émissions de méthane dans les champs de gaz naturel rendent cette énergie aussi polluante que le charbon sur l'ensemble de son cycle de vie[58].

Le charbon est sans doute la plus dommageable des énergies fossiles en raison des émissions polluantes qu'il engendre. La pollution du charbon fait 13 000 victimes par année aux États-Unis seulement[59], en plus d'être lar-

---

57. Robert W. Howarth, Renee Santoro et Anthony Ingraffe, « Methane and the Greenhouse-Gas Footprint of Natural Gas from Shale Formations », 2011, en ligne : www.sustainablefuture. cornell.edu/news/attachments/Howarth-EtAl-2011.pdf

58. Jeff Tollefson, « Air Sampling Reveals High Emissions from Gas Field. Methane Leaks during Production May Offset Climate Benefits of Natural Gas », *Nature*, 7 février 2012.

59. American Lung Association, *Toxic Air: The Case for Cleaning*

gement responsable des pluies acides qui continuent d'affecter le nord-est du continent nord-américain. Malgré ces impacts, on s'attend à ce que cette source d'énergie continue de fournir jusqu'à 43 % de la demande américaine en 2035[60].

L'extraction du charbon conduit également à une catastrophe environnementale à grande échelle. L'une des pratiques les plus dommageables de l'industrie est le *mountaintop removal* qui consiste à décapiter le sommet de montagnes pour en extraire le minerai. Cette pratique détruit les paysages et ravage les écosystèmes et les cours d'eau avoisinants, en plus de libérer des contaminants qui affectent non seulement la faune et la flore, mais également les communautés humaines vivant à proximité. En Virginie-Occidentale et au Kentucky, plus de 500 montagnes ont ainsi été détruites, 3 200 kilomètres de cours d'eau ont été remblayés et plus de 400 000 hectares de forêts détruits. Bien que cette pratique ne représente que 4,5 % de la production américaine de charbon, elle transforme des régions entières en champs de résidus toxiques[61]. Les opposants à cette pratique sont victimes

Up Coal-Fred Power Plants, 2011, en ligne : www.lung.org/assets/documents/healthy-air/toxic-air-report.pdf

60. U.S. Energy Information Administration (EIA), *Annual Energy Outlook 2011. With Projections to 2035,* Washington, avril 2011, p. 3.

61. Appalachian Voices, « Ecological Impacts of Mountaintop Removal », en ligne : http://appvoices.org/end-mountaintop-removal/ecology/ (consulté le 10 février 2012).

d'intimidation et plusieurs centaines d'entre eux ont été arrêtés au cours des dernières années.

La puissante industrie du charbon américaine a lancé une opération de relations publiques massive autour du concept de charbon propre. La campagne vante les mérites de cette énergie produite aux États-Unis. On peut lire sur le site web de la campagne : « C'est notre droit donné par Dieu de brûler du charbon. Les foyers et les entreprises américains frissonneraient encore dans les âges primitifs s'il n'y avait pas l'abondant flux d'énergie propre et bon marché qui nous provient du charbon. Le charbon propre est l'énergie du futur[62]. » Le site présente également les commentaires du docteur Charbon et fait état de l'élection de Miss Charbon propre 2008. Tout cela serait risible si cette propagande n'inondait pas systématiquement les ondes des chaînes de télé américaines en contribuant à faire du charbon un intouchable.

Les industries des combustibles fossiles, pétrole, gaz et charbon, continuent d'avoir des impacts environnementaux majeurs partout où elles sont établies. Les accidents sont fréquents, et les dommages souvent irréversibles. Plus de 100 déversements ont été recensés en un an seulement dans les oléoducs canadiens en 2010[63]. Chaque année, entre 150 et 200 déversements de diesel se produisent dans le Saint-Laurent, la source d'eau potable d'un

---

62. www.coalisclean.com/ (consulté le 10 février 2012).

63. Mike De Souza, « Feds Recorded 100 Pipeline Spills and Accidents in the Last Two Years », PostMedia News, 5 juillet 2011.

Québécois sur deux[64]. Pas une semaine ne se passe sans qu'une explosion ou un déversement se produise dans une installation de l'industrie en Amérique du Nord. Les coûts d'extraction et les impacts environnementaux des combustibles fossiles augmentent constamment. Leur rendement énergétique diminue, c'est-à-dire que la quantité d'énergie qui doit être utilisée pour extraire le pétrole, le charbon et le gaz augmente constamment. Alors que l'on utilisait traditionnellement une quantité donnée d'énergie pour produire vingt-quatre fois plus d'énergie, ce ratio est tombé à 1 pour 3 dans le cas des sables bitumineux[65]. L'industrie produit maintenant de plus en plus pour soutenir ses propres besoins énergétiques et elle engrange des profits record alors même que son efficacité énergétique diminue.

L'industrie des combustibles fossiles nous promet un pétrole et un charbon plus propres dans deux décennies grâce à une nouvelle technologie, le captage et la séquestration de carbone, qui consiste à capter les émissions polluantes à la sortie des usines et à les envoyer sous terre dans des formations géologiques où elles seraient emprisonnées à perpétuité. La technologie demeure à l'état de prototype et la stabilité à long terme du procédé n'a pas encore été démontrée. De plus, la quantité d'énergie requise pour alimenter le captage et la séquestration dimi-

---

64. Karim Benessaieh et Hugo Meunier, « Déversement de diesel dans le Saint-Laurent », *La Presse,* 29 septembre 2010.

65. Andrew Nikiforuk, « Two More Ethical Challenges to Canada's Oil Sands », *The Tyee,* 26 octobre 2011, en ligne : http://thetyee.ca/Opinion/2011/10/26/Oil-Sands-Challenges/

nue d'autant le rendement énergétique net de l'opération. Le captage et la séquestration de carbone sont au pire un leurre, au mieux une fuite en avant qui nous obligera à consommer plus de combustibles fossiles pour produire d'autres combustibles fossiles. Au lieu de diminuer notre pollution à la source, nous cherchons à créer des dépotoirs de carbone souterrains.

L'industrie nucléaire tente de son côté de tirer son épingle du jeu en se positionnant comme une énergie propre, une solution aux changements climatiques, puisqu'elle n'émet pas de GES. Le lobby nucléaire mondial tente d'utiliser la menace climatique pour orchestrer une renaissance de cette industrie mise à mal depuis vingt-cinq ans par les catastrophes de Tchernobyl et de Three Mile Island, et plus récemment, en 2011, par celle de Fukushima.

Selon les tenants du nucléaire, cette énergie est la seule qui puisse prendre le relais immédiatement et réduire les émissions de GES à court terme. La réalité est tout autre. La construction d'une centrale nucléaire, de la conception initiale à sa mise en service en passant par l'obtention des nombreuses autorisations, peut prendre plus d'une décennie. De plus, l'industrie a un historique de dépassements de coûts et de retards de construction systématiques. Le risque financier associé à cette industrie est énorme, et il est clair que les émissions de GES peuvent être réduites plus rapidement et à moindre coût grâce à d'autres filières énergétiques.

L'énergie nucléaire est un éléphant blanc hérité de la guerre froide. Depuis les débuts du nucléaire civil dans les années 1950, des centaines de milliards en subventions gouvernementales ont été englouties dans une industrie qui n'a jamais fait ses frais. Si on inclut les coûts de déclassement des centrales nucléaires au terme de leur durée de vie utile ainsi que les coûts d'entreposage permanent des déchets nucléaires, l'énergie nucléaire est de loin la plus dispendieuse des options énergétiques qui s'offrent à nous.

Le nucléaire traîne aussi un bilan catastrophique sur le plan de la sécurité, de la protection de l'environnement et de la santé humaine. Les catastrophes de Tchernobyl et de Fukushima constituent les pires catastrophes industrielles de l'histoire, et des générations entières devront vivre avec les conséquences de ces accidents. Bien que des centrales nucléaires soient opérées sans incidents majeurs partout dans le monde, les cas d'accidents mineurs et de contamination abondent, fruit de défaillances techniques, d'entretien insuffisant ou d'erreurs humaines.

On a appris au printemps 2011 que les trois quarts des centrales nucléaires américaines laissaient échapper du tritium radioactif dans les cours d'eau et les nappes phréatiques avoisinantes par suite de la corrosion des conduites d'eau de refroidissement[66]. Le tritium a une forte capacité de se combiner à notre ADN pour provoquer divers problèmes de santé comme des mutations, des avortements spontanés, des anomalies congénitales, de l'hypothyroïdie et des cancers. Il ne s'agit que d'un cas parmi des dizaines de contamination environnementale radioactive liée à l'industrie nucléaire civile.

---

66. Jeff Donn, « Leaks Hit Three-Quarters of U.S. Nuclear Plants », Associated Press, 27 juin 2011.

À cela s'ajoute le problème des déchets nucléaires pour lesquels aucune solution permanente n'a été trouvée après cinquante ans d'exploitation du nucléaire civil. Les déchets nucléaires qui sont entreposés « temporairement » depuis des décennies sur le site des centrales sont des déchets hautement toxiques qui le resteront pendant plus de dix mille ans.

Quand on se rappelle que notre espèce n'avait pas encore inventé l'agriculture il y a dix mille ans, on mesure mieux ce que cela représente. Qui peut garantir l'entreposage sécuritaire de déchets hautement toxiques pendant des milliers d'années ?

Le nucléaire est-il une énergie propre ? Le lobby nucléaire tente de faire porter le débat sur la notion de risque en alléguant que le risque d'accident nucléaire est faible et que la peur du nucléaire est irrationnelle. Nul doute que le nucléaire peut être exploité avec un risque minimal… jusqu'à la défaillance technique, l'erreur humaine ou la catastrophe naturelle qui viendra mettre un grain de sable dans l'engrenage d'une technologie dont il est impossible de reprendre le contrôle lorsqu'elle s'emballe. Hubert Reeves dit du nucléaire qu'il s'agit d'une technologie des anges. Seuls des êtres parfaits qui ne font aucune erreur et qui mesurent tous les risques peuvent l'exploiter de manière sécuritaire.

En 1996, à l'occasion du dixième anniversaire de la catastrophe de Tchernobyl, qui avait été l'objet de mon mémoire de maîtrise, je publiais dans *Le Devoir* un texte dans lequel j'affirmais que ce n'était qu'une question de temps avant qu'une nouvelle catastrophe nucléaire ne se produise, par suite de défaillances techniques ou d'erreurs humaines[67]. Je faisais alors référence aux installations nucléaires de l'ex-Union soviétique; je n'aurais jamais cru possible qu'une telle catastrophe se produise au Japon, pays qui maîtrise les technologies les plus avancées. C'est pourtant ce qui est arrivé en mars 2011, vingt-cinq ans presque jour pour jour après Tchernobyl.

Peut-on qualifier d'énergie propre une filière ayant à son actif deux des plus grandes catastrophes industrielles de l'histoire, qui produit des déchets dangereux d'une durée de vie de plus de dix mille ans et pour lesquels aucune solution permanente d'entreposage n'existe, et qui relâche fréquemment dans l'environnement des substances radioactives qui mettent en danger la santé humaine? Poser la question, c'est y répondre. La question devient alors : pourquoi devrions-nous poursuivre une aventure aussi risquée financièrement et mettre en péril notre sécurité, notre santé et notre environnement en continuant de maintenir en vie artificiellement une industrie qui vit depuis toujours aux crochets de l'État? Il est temps de clore l'épisode nucléaire, ce que des pays comme l'Allemagne, la Suisse et l'Italie ont choisi de faire.

Nous nous sommes lancés dans deux courses qui vont dans des directions opposées : vers les énergies fossiles et le nucléaire, d'un côté, vers les énergies propres et l'efficacité énergétique de l'autre. Ce choix entre deux voies différentes est l'élément central du dernier livre d'Al Gore, *Our Choice*, qui lance un appel à l'action pour transfor-

---

67. Karel Mayrand, « Fondements sociopolitiques d'une catastrophe. L'énergie nucléaire et la sécurité environnementale en ex-URSS », *Le Devoir*, 18 avril 1996.

mer radicalement notre profil énergétique. Dans *Our Choice*, Gore présente des solutions concrètes aux changements climatiques en proposant des technologies qui permettraient dès maintenant de consommer une énergie s'accompagnant d'un minimum d'émissions de GES[68].

Le choix qui s'offre à nous est clair : d'un côté, des énergies qui occupent les premières places dans le palmarès des catastrophes industrielles les plus graves de l'histoire humaine et qui tuent chaque année des dizaines de milliers de personnes ; de l'autre, des énergies émergentes qui peuvent répondre à nos besoins sans mettre en péril notre santé et notre sécurité. D'un côté, des énergies qui demandent des investissements en capital considérables pour créer un nombre limité d'emplois dans les régions où se trouvent les gisements. De l'autre, des énergies qui demandent des investissements plus légers et qui créent plus d'emplois dans plus de lieux puisque ces sources d'énergie sont disponibles partout dans le monde. D'un côté, des industries matures, organisées en lobby et qui utilisent leur position dominante pour soutirer des milliards en subventions et en allégements fiscaux et, en bout de ligne, engranger des profits record. De l'autre, une multitude d'entreprises qui innovent et créent l'économie de demain.

La pierre angulaire de toutes les politiques gouvernementales visant à accélérer le déploiement des énergies vertes est l'introduction d'une taxe sur le carbone ou de systèmes de plafonnement et d'échange d'émissions qui auront pour effet de mettre un prix sur la pollution. Les

---

68. Al Gore, *Our Choice*.

industries fossiles ont présentement un accès illimité et gratuit à l'atmosphère terrestre pour y déverser leurs polluants. Cela signifie que les coûts environnementaux de la pollution atmosphérique ne sont pas comptabilisés dans les coûts de production des énergies fossiles, ce qui contribue à abaisser leur prix et à les rendre plus concurrentiels face aux énergies vertes. L'accès gratuit à l'atmosphère est fort probablement la subvention indirecte la plus généreuse jamais accordée à une industrie.

L'instauration d'une taxe sur le carbone renverse cette relation. Elle rend les énergies fossiles plus coûteuses en intégrant dans leur prix les coûts de leur pollution et elle assure ainsi une équité dans le marché énergétique qui permet aux énergies vertes d'être concurrentielles. L'instauration d'une taxe sur le carbone est considérée par une grande majorité d'économistes comme la meilleure solution pour corriger cette défaillance du marché et pour envoyer dans le marché un signal de prix fort qui stimulera à la fois l'efficacité énergétique et le passage aux énergies vertes.

Pour l'instant, des pays comme le Canada et les États-Unis, sous l'emprise des lobbys du pétrole, refusent de mettre un prix sur la pollution atmosphérique. Le gouvernement Obama a essuyé un revers dans sa tentative de mettre en place un marché du carbone. Du côté canadien, l'élection d'un gouvernement conservateur en 2006 a mis un terme à toute discussion à ce sujet. Le Canada continue même de subventionner l'industrie pétrolière à hauteur de 1,4 milliard de dollars par année, alors qu'il n'accorde presque rien aux énergies vertes. Dans ce pays, l'action gouvernementale renforce les inéquités et les défaillances du marché au lieu de les corriger. Cependant, plusieurs provinces canadiennes et États américains, sous l'impulsion de la Californie, vont de l'avant et sont en voie d'instaurer un marché du carbone en Amérique du Nord. On peut espérer que ce marché sera l'embryon d'un marché continental.

Nous sommes dans le secteur énergétique au début d'une vague semblable à celle qui a été provoquée par l'arrivée d'Internet dans les années 1990. Qui aurait pu prédire il y a quinze ans l'émergence des géants que sont devenus Google et Facebook? Qui aurait prédit que les médias traditionnels dominants verraient leur modèle économique s'effondrer? Le vieux modèle de l'information consistait en une production d'information en quelques lieux seulement et leur diffusion en sens unique vers les consommateurs. Internet a révolutionné ce modèle : chaque personne est aujourd'hui un producteur et un consommateur d'information. L'information circule maintenant partout et dans tous les sens. Tous les acteurs doivent s'adapter à ce nouveau modèle.

Avec l'arrivée des énergies vertes et de systèmes intelligents de distribution de l'électricité, un virage similaire est inévitable. Chaque bâtiment deviendra à la fois un producteur et un consommateur d'énergie, et l'énergie circulera en temps réel de partout et dans toutes les directions. Lorsque ce nouveau réseau intelligent se mettra en place, les grands projets de production d'énergie seront graduellement remplacés par des projets de plus petite taille répartis en de multiples endroits. Le modèle économique actuel du secteur de l'énergie, qui requiert des investissements massifs en capital et qui est composé majoritairement de monopoles et d'oligopoles, fera graduellement place à des projets moins lourds et à une plus grande diversité d'acteurs.

Les nouvelles entreprises de l'énergie sont en démarrage en Chine, aux États-Unis, en Europe, et elles constitueront la colonne vertébrale de l'économie de demain. Nous approchons du point où la masse critique des énergies vertes — solaire, éolien, biomasse, géothermie —, qui ont déjà des taux de croissance annuelle de plus de 10 %, fera basculer notre modèle énergétique dans une nouvelle ère.

Plusieurs études ont démontré la faisabilité d'un virage qui nous permettrait de tirer de 90 % à 100 % de notre énergie de sources renouvelables d'ici 2050. En 2010, une étude de l'université Stanford présentait un plan permettant un passage au solaire, à l'éolien, à la géothermie et à l'hydroélectricité d'ici 2030. Dans un article publié dans *Scientific American* en 2009, les auteurs de l'étude posent les questions suivantes : « Est-il possible de transformer les systèmes énergétiques du monde ? Cela peut-il être accompli en deux décennies ? » Les auteurs rappellent ensuite que, « pendant la Seconde Guerre mondiale, les États-Unis ont rééquipé leurs usines automobiles pour produire 300 000 avions, et d'autres pays en ont produit 486 000 de plus. En 1956, les États-Unis ont commencé la construction du réseau d'autoroutes, qui après 35 ans s'étend sur plus de 47 000 miles et qui a changé le commerce et la société[69] ». Des précédents existent, en temps de paix et en

---

69. Mark Z. Jacobson et Mark A. Delucchi, « A Plan to Power

temps de guerre, où, sous l'impulsion de l'action gouvernementale, des infrastructures stratégiques ont été mises en place rapidement et avec succès.

Une autre étude, publiée en 2011 par la firme Ecofys et le Fonds mondial pour la nature, avance qu'il est possible de produire 95 % de notre énergie à partir de sources durables d'ici 2050. En plus du solaire, de l'éolien, de la géothermie et de l'hydroélectricité, le scénario de cette étude inclut la biomasse, qui est appelée à produire une part significative de notre énergie en 2025. Au terme de l'exercice, en 2050, les émissions de GES seraient ramenées à 80 % de ce qu'elles étaient en 1990[70].

L'intérêt de cette étude est qu'elle chiffre les investissements requis pour soutenir ce virage et le retour anticipé sur cet investissement. Le résultat est probant : les investissements requis pour mener à bien ce plan sont de l'ordre de 1 % à 2 % du produit intérieur brut (PIB) mondial d'ici 2050. À partir de 2035, ces investissements généreraient un gain économique net qui atteindrait 2 % du PIB mondial en 2050. En d'autres termes, les investissements consentis pendant vingt-cinq ans rapporteraient des économies récurrentes atteignant 4 000 milliards de dollars en 2050, rendant l'ensemble de l'opération rentable sur le plan strictement économique. Cela n'inclut pas les bénéfices sociaux et environnementaux découlant de l'atténuation des changements climatiques, de la

100 Percent of the Planet with Renewables », *Scientific American*, 26 octobre 2009.

70. World Wildlife Fund, *The Energy Report: 100 % Renewable Energy by 2050*, 2011, en ligne : http://wwf.panda.org

réduction des pertes associées aux catastrophes naturelles et de la diminution des coûts d'adaptation.

Une autre étude publiée par la firme McKinsey en 2007 démontrait que les États-Unis pourraient réduire leurs émissions de GES de 3 à 4,5 gigatonnes annuellement d'ici 2030 par des mesures ne dépassant pas 50 dollars la tonne réduite. Selon McKinsey, 40 % des réductions obtenues rapporteraient plus qu'elles ne coûteraient, générant un bénéfice supérieur au coût des investissements additionnels requis pour réaliser le reste des 60 % de réductions de GES requis. Encore une fois, l'ensemble de l'opération serait rentable économiquement. Les investissements totaux requis pour réaliser ce plan seraient de l'ordre de 1 100 milliards, soit environ 1,5 % des investissements totaux réalisés aux États-Unis sur la période visée. Le secteur où les réductions d'émissions seraient les plus rentables est celui du bâtiment commercial ou résidentiel, où des améliorations dans l'éclairage, l'isolation et le chauffage permettraient de réaliser des économies d'énergie récurrentes qui rapporteraient entre 60 et 90 dollars par tonne réduite. L'efficacité énergétique continue d'être l'approche la plus payante pour diminuer les émissions de GES[71].

Ces études montrent ce qu'il serait possible de réaliser en alignant les politiques publiques, les investissements et les signaux du marché pour viser un objectif ambitieux de

---

71. McKinsey Company et The Conference Board, *Reducing US Greenhouse Gas Emissions: How Much at What Cost?*, US Greenhouse Gas Abatement Mapping Initiative, Executive Report, décembre 2007, en ligne : http://www.mckinsey.com

réduction d'émissions de GES. Au-delà des projections, des signaux indiquent que le virage est déjà amorcé. Un rapport de l'agence d'information énergétique des États-Unis révélait que, durant les trois premiers mois de 2011, le pays avait produit plus d'énergie renouvelable, toutes sources confondues, que d'énergie nucléaire. Les énergies renouvelables comptent aujourd'hui pour près de 12 % de la production américaine[72]. À l'échelle mondiale, le taux de croissance annuel de l'énergie solaire photovoltaïque dépasse 40 % depuis 2000[73].

Un virage, encore trop timide, est amorcé. Mais les forces du statu quo, alimentées par les lobbys du charbon et du pétrole, continuent de freiner l'élan qui est nécessaire pour protéger les prochaines générations des impacts qu'auraient des changements climatiques catastrophiques. Nous faisons face à un choix entre les intérêts d'un petit groupe de personnes appartenant à la même génération et ceux d'une multitude de personnes vivantes et encore à naître. Comment, alors, transcender la vision et les intérêts à court terme de nos institutions économiques et politiques pour faire les choix qui s'imposent ?

Dans la conclusion de *Our Choice,* Al Gore se demande quel regard porteront sur nous les générations à venir. Elles se poseront l'une de ces deux séries de ques-

---

72. Ken Bossong, « EIA Report: Renewables Surpass Nuclear Output », *Renewable Energy World,* 5 juillet 2011, en ligne : www. renewableenergyworld.com

73. International Energy Agency, « Technology Roadmap: Solar Photovoltaic Energy », 2010, en ligne : www.iea.org/papers/2010/ pv_roadmap.pdf

tions : « À quoi pensiez-vous ? N'avez-vous pas vu fondre
la calotte glaciaire polaire devant vos yeux ? N'avez-vous
pas entendu les avertissements des scientifiques ? Étiez-
vous distraits ? Ne vous en préoccupiez-vous pas ? » Ou
alors elles demanderont : « Comment avez-vous trouvé le
courage moral de vous élever pour résoudre une crise
dont tant de personnes disaient qu'elle était impossible à
résoudre[74] ? » Nous devons choisir à laquelle de ces questions nous voulons répondre, et nous devons donner
notre réponse maintenant.

Une vérité qui dérange s'ouvre sur une photo de la planète Terre vue de la Lune. Cette photo, éblouissante de
beauté, a été prise par *Appolo 17* le 7 décembre 1972, à peu
près au moment de ma naissance. J'appartiens à la première génération qui a grandi en pouvant voir la beauté
de cette planète, véritable Éden dans un univers froid et
inhospitalier.

À la fin de sa présentation, Al Gore montre une autre
photo, prise par la sonde spatiale *Voyager 1* en 1990 alors
qu'elle se trouvait à six milliards de kilomètres de la Terre.
Cette photo, connue sous le nom de *pale blue dot,* est
émouvante. On y voit la Terre, guère plus grande qu'un
pixel bleu dans une mer gris et noir. On ressent l'infinie
fragilité de notre planète, « un grain de poussière dans un
rayon de soleil[75] », selon la célèbre phrase de l'astrophysi-

74. Al Gore, *Our Choice.*

75. Carl Sagan, *Pale Blue Dot: A Vision of the Human Future in
Space,* New York, Random House, 1994.

cien américain Carl Sagan. Ce grain de poussière contient toute l'histoire de notre civilisation, toute l'histoire de la vie telle que nous la connaissons dans l'univers. Et son avenir est entre nos mains.

7

David Suzuki : l'équilibre sacré

« *Hello, my name is David Suzuki and this is* The Nature of Things. » Cette voix chaude et passionnée entre dans les foyers canadiens depuis maintenant plus de trente ans. Elle a porté la science et la nature dans les salons des Canadiens pendant plus d'une génération. Beaucoup de gens de mon âge m'ont affirmé avoir choisi une carrière scientifique ou avoir été éveillés à la beauté de la nature en écoutant David Suzuki. Vulgarisateur scientifique, animateur de télévision, vedette internationale et militant environnemental : David Suzuki est un personnage plus grand que nature.

J'ai rencontré David Suzuki à Toronto en décembre 2007 lors de l'annonce par sa fondation et l'Association des joueurs de la Ligue nationale de hockey que 535 joueurs de hockey de la LNH allaient compenser leurs émissions de GES pour la saison 2007-2008. Planetair, le revendeur de crédits de carbone que j'avais fondé en 2005, avait été sélectionné comme fournisseur pour cette initiative lancée par Andrew Ference, défenseur des Bruins de Boston. Suzuki était présent avec une bonne dizaine de joueurs des Maple Leafs de Toronto et des Bruins de Boston. En serrant sa main, je ne pouvais imaginer que, six mois plus tard, je quitterais l'organisme dont j'étais le cofondateur pour me joindre à sa fondation.

Si Al Gore m'a prêté sa voix alors que je cherchais la mienne, David Suzuki est celui qui l'a libérée. Il est celui qui a conquis pour moi et pour de nombreux autres la liberté de parole, la possibilité d'exprimer ouvertement, avec clarté et vigueur, les valeurs que je défends, d'opposer la vérité au mensonge, la science à l'intérêt, l'indignation au cynisme. Mais plus encore, David Suzuki m'a forcé à remettre en question les fondements de ma pensée, à déconstruire tout l'édifice des idées dominantes et des constructions humaines, artificielles, qui ont façonné ma perception du monde et de la relation entre l'homme et la nature. Il m'a obligé à élargir, à approfondir ma compréhension de l'humanité et de la biosphère. Il m'a ouvert les yeux sur un monde qui m'était invisible : celui de la vie sur terre. Un monde qui transcende le temps et l'espace. Une famille du vivant unie par une évolution commune. Un monde dont j'ai à peine effleuré la surface tant il est riche et porteur de sens.

David Suzuki m'a aussi montré que la raison et la passion ne s'opposent pas, mais qu'elles se renforcent mutuellement lorsqu'on sait bien les utiliser ensemble. Combien de fois je l'ai vu éclater d'une colère irrépressible devant une décision gouvernementale qui mettait en péril un écosystème ou faisait prédominer l'industrie sur la santé des citoyens ou des écosystèmes. L'irrationalité des décideurs qui placent l'économie au-dessus de l'environnement, leur manque d'intégrité et, surtout, le mensonge et la malhonnêteté intellectuelle, trop répandus, le font sortir de ses gonds. Lorsqu'il éclate de la sorte, cela provoque chez ses collaborateurs des réactions d'indignation et de révolte. Parfois aussi, le découragement les saisit lorsque sa frustration est si forte qu'elle donne l'impression que notre travail a été vain.

David est authentique et il se présente devant les autres tel qu'il est. J'ai la certitude que c'est cette honnêteté profonde qui explique pourquoi les gens croient en lui et lui font confiance. Comme je travaille avec lui, je bénéficie d'une partie de cette confiance. Et c'est probablement le plus beau cadeau qu'il m'ait fait. Il a partagé avec moi cette confiance, le fruit de décennies d'engagement total.

Depuis mon arrivée à la Fondation David Suzuki, j'ai eu l'occasion de côtoyer David régulièrement. Bien que j'aie assisté à une bonne douzaine de ses conférences, j'en ressors toujours avec un sentiment d'urgence et d'indignation et une grande émotion devant l'extraordinaire beauté de la nature qui nous entoure. Quand je le regarde, je peux voir la même curiosité, la même combativité et le regard pur d'un enfant. Mais aussi la même sensibilité et la même vulnérabilité. Parfois, lorsque David prenait la parole devant des centaines de personnes, j'ai éprouvé l'envie de monter sur scène simplement pour l'assurer de mon appui, pour lui dire : « David, tu n'es pas seul à te battre. Continue, nous sommes tous derrière toi. »

Suzuki fait partie d'un groupe restreint d'individus qui ont conquis le droit de parler librement dans un monde aux prises avec le filtre de l'autocensure et des demi-vérités. Extraordinaire vulgarisateur scientifique, il a réussi à marier avec la science les valeurs et les convictions acquises dans l'étude des phénomènes naturels et à nous décrire la nature comme personne d'autre ne peut le faire. Suzuki est un modèle d'intégrité et d'engagement : il ne fait aucun compromis sur la science, sur ses valeurs, et malgré les nombreuses tentatives de récupération ou les attaques personnelles dont il a été l'objet, il n'a jamais changé d'attitude. David Suzuki est incorruptible. Il est un repère essentiel pour les Canadiens, qui l'ont élu deux années de suite, en 2009 et 2010, le Canadien qui leur inspire le plus confiance. Apprenant la nouvelle, Suzuki a déclaré : « Personnellement, je ne comprends pas du tout pourquoi un vieil homme avec une drôle de tête inspire autant confiance[1]. »

Il n'y a pas de fausse modestie dans cette phrase. Quiconque a fréquenté Suzuki sait à quel point cet homme devenu vedette planétaire est demeuré simple, accessible, et continue de se percevoir comme un homme ordinaire. À la fondation qu'il a créée avec sa conjointe, Tara Cullis, il est simplement « David », ou « le Doc ». Bien qu'il puisse parfois être bougon et renfrogné, et que ses colères soient légendaires, il peut se montrer extraordinairement généreux et il traite chacun des employés de la Fondation comme s'il faisait partie de sa famille. David n'a pas de filtre. C'est un être à fleur de peau.

Suzuki est mal à l'aise et un peu gauche dans les événements officiels ou mondains, mais il est dans son élément à l'université, au pub du coin ou simplement dans

---

1. Jonathan Kay, « Renewing the Public Trust », *Readers' Digest Canada,* mai 2010, en ligne : www.readersdigest.ca/poll/renewing-public-trust

la rue. Au cours d'un voyage avec lui aux îles de la Madeleine en avril 2011, je l'ai vu discuter longuement avec les pêcheurs et les Madelinots qui s'étaient entassés à 300 dans une minuscule salle de spectacle pour le rencontrer. Sur le terrain, en plein milieu du golfe du Saint-Laurent, Suzuki était dans son élément. Il explorait un nouveau coin de notre planète et recueillait les histoires des gens qu'il rencontrait. L'effet Suzuki, si on peut dire, était palpable : au-delà de la barrière de la langue, la communauté l'adoptait parce qu'il se considérait comme un de leurs.

David Suzuki a aussi conquis le droit de transcender les barrières culturelles et les classes sociales parce qu'il a fait le choix de ne pas en tenir compte. C'est l'une des clés que lui seul détient et qui lui attirent la sympathie des gens qu'il rencontre. Je ne sais plus qui a dit que la liberté était une différence conquise. L'histoire de David Suzuki est une conquête de la différence et de la pensée libre. Ce qui lui a valu de recevoir une pléthore de doctorats, de prix et de distinctions, dont le Right Livelihood Award, ou Nobel alternatif, en 2009.

Suzuki affirme que l'attaque de Pearl Harbor, le 7 décembre 1941, est l'événement qui a défini le reste de sa vie. Né dans une famille japonaise originaire d'Hiroshima et immigrée au Canada au début du XXe siècle, il fait partie de la troisième génération. Bien que son père et sa mère fussent tous deux nés au Canada, sa famille a été internée en juin 1942 dans un des camps réservés aux Japonais. Les biens de la famille ont été saisis par l'État canadien et ne leur ont jamais été restitués. À six ans, Suzuki a été séparé de son père, interné dans un autre camp. L'une de ses sœurs est née dans le camp d'internement.

Suzuki a probablement forgé son caractère batailleur et son sens aigu de l'indignation en affrontant l'injustice durant ces années douloureuses. Celles-ci sont également à l'origine de sa vocation de généticien. Il étudiera la génétique entre autres pour comprendre les causes du racisme dont lui et sa famille ont été victimes. Peut-être aussi pour prouver que le racisme n'a aucun fondement scientifique.

L'engagement écologiste de David Suzuki remonte aux années 1960. Comme beaucoup d'autres, il est à cette époque marqué par le signal d'alarme que lance Rachel Carlson dans *Silent Spring*, qui fait état des effets des contaminants chimiques sur les populations d'oiseaux et prédit un printemps où les oiseaux se tairont[2]. Suzuki s'éveille alors au mouvement écologiste moderne, mais c'est dans les années 1980 qu'il commence à militer véritablement en s'engageant pour la protection des forêts amazoniennes et des forêts pluviales millénaires de Colombie-Britannique. Cet engagement militant lui vaudra d'être menacé de mort, de voir des inconnus tirer des coups de feu à travers les fenêtres de sa maison, mais aussi de devenir l'un des personnages phares de la cause écologiste.

Après plusieurs années à militer activement à titre individuel, Suzuki se rend compte que son action pourrait être plus fructueuse si elle s'appuyait sur une organisation bien structurée. Avec sa conjointe Tara Cullis et un petit groupe de bénévoles, il crée en 1990 la Fondation David Suzuki, qui deviendra l'une des organisations environne-

---

2. Rachel Carson, *Silent Spring*, Houghton Mifflin, 1962.

mentales les plus importantes au Canada. Tara abandon-
nera une brillante carrière de professeure à Harvard pour
se consacrer entièrement à la cause environnementale.
Elle est certainement l'une des héroïnes obscures du mouvement écologiste. Espérons que son engagement sera un
jour reconnu à sa juste valeur. Vingt ans plus tard, la Fondation David Suzuki emploie soixante-dix personnes au
Canada et est reconnue comme l'organisation environnementale la plus crédible au pays. David et Tara en sont les
deux plus anciens bénévoles.

À travers son militantisme écologiste, Suzuki nouera
des liens intimes avec les nations autochtones du Canada
et d'ailleurs dans le monde. De cette rencontre entre un
généticien, petit-fils d'immigrés japonais, et des nations
autochtones millénaires émergera une vision du monde
qui combine le meilleur de la science moderne et de la
pensée autochtone pour proposer une vision du monde
unique abolissant les frontières entre le monde naturel
et l'être humain. Tout dans la nature est interrelié. Nous
sommes la nature, et les autres êtres vivants sont nos
proches parents. Dans la pensée de David Suzuki, l'individu, l'espèce et l'écosystème ne font qu'un. Comme chez
les autochtones, l'identité, la communauté et le territoire
se fondent dans un tout : c'est l'« équilibre sacré », titre de
son livre le plus achevé, publié en 2007[3].

La philosophie de David Suzuki est résumée dans un
texte magnifique, *La Déclaration d'interdépendance*, écrit
en collaboration avec d'autres auteurs en 1990 sur l'île

---

3.   David Suzuki, *L'Équilibre sacré*, Montréal, Boréal, 2007.

Pender, en Colombie-Britannique. Cette déclaration constituait le manifeste fondateur de la Fondation David Suzuki. Elle a aussi été présentée au sommet de Rio en 1992. *La Déclaration d'interdépendance* est un texte d'une puissance et d'une densité rares, à ranger parmi ceux qui gagnent en pertinence et en profondeur en vieillissant. Les premières phrases de ce texte résument bien sa philosophie :

> Nous sommes la Terre, par les plantes et les animaux qui nous donnent notre nourriture.
>
> Nous sommes les pluies et les océans qui coulent dans nos veines.
>
> Nous sommes le souffle des forêts et les plantes de la mer.
>
> Nous sommes des animaux-humains, reliés à toute vie, descendants de la cellule primordiale.
>
> Nous partageons l'histoire de cette famille des vivants, inscrite dans nos gènes. [...]
>
> Nous ne sommes qu'une espèce parmi les trente millions qui tissent ce mince voile de vie enveloppant la planète[4].

Se retrouvent résumés dans cette ouverture de la *Déclaration d'interdépendance* les fondements du rapport des peuples autochtones avec leur environnement — nous sommes la terre, les forêts et la pluie — et les enseignements les plus poussés de la génétique moderne — nous descendons d'une cellule primordiale et parta-

---

4. David Suzuki, *La Déclaration d'interdépendance. Un engagement envers la planète Terre*, Montréal, Boréal, 2010.

geons avec tous les êtres vivants une histoire commune inscrite dans nos gènes. Nous ne sommes qu'un maillon dans cette mince toile qu'est la biosphère. Dans ses conférences, David Suzuki mentionne que, si l'on représentait la Terre par un ballon de basket-ball, la biosphère ne représenterait qu'une simple couche de vernis appliquée délicatement avec un pinceau. Toute forme de vie existante sur terre s'accroche à cette mince couche du vivant, fragile et incroyablement diversifiée.

La Déclaration d'interdépendance pose les bases d'une nouvelle relation entre l'humanité et la biosphère, entre la génération présente et les générations futures. Elle explique que nous avons atteint les limites de la croissance possible à l'intérieur de la biosphère et que notre action vole l'infini à l'avenir pour satisfaire des besoins bien éphémères. Elle précise que tous les êtres vivants ont droit à la pureté de l'air, de l'eau et du sol. Elle juge inacceptable l'inéquitable répartition de la richesse non seulement entre les riches et les pauvres, mais aussi entre la génération présente et les suivantes.

Suzuki démontre aussi systématiquement l'absence de frontières physiques ou biologiques entre la nature et nous, les êtres humains. Notre nourriture, notre air et notre eau proviennent en totalité de la nature et de ses écosystèmes. Nous sommes composés de près de 70 % d'eau, et cette eau est produite et filtrée par des écosystèmes. Le cycle de l'eau passe littéralement à travers nous, et la molécule d'eau que je bois aujourd'hui se retrouvera dans la mer, passera dans les fanons des baleines au milieu de l'océan, s'évaporera pour s'incorporer dans un nuage et tomber ensuite sur la forêt ou la prairie où elle servira à abreuver une plante ou un animal. Au-delà des lacs, des fleuves et des rivières, des nuages et de la pluie, le cycle de l'eau est un maillon fondamental du cycle du vivant sur terre.

Notre dépendance à l'égard de la nature s'inscrit jusque dans nos molécules. Dans *Planète cœur*[5], François Reeves, cardiologue et vulgarisateur hors pair, décrit la relation intime d'interdépendance qui existe entre l'arbre et l'humain. Il met en évidence le fait que la chlorophylle et l'hémoglobine ont la même structure moléculaire, à cette différence près que le vert de la première provient de l'atome de magnésium situé en son centre, alors que le rouge de l'autre provient d'un atome de fer. La chlorophylle et l'hémoglobine sont le miroir l'une de l'autre et sont au centre d'un échange fascinant entre les organismes qui réalisent la photosynthèse et ceux qui consomment de l'oxygène comme nous. Par la photosynthèse, la chlorophylle transforme le CO_2 en oxygène, lequel est absorbé par l'hémoglobine, transporté dans notre corps et relâché de nouveau sous forme de CO_2. Et ce cycle parfait nous rend solidaires de toutes les espèces végétales qui réalisent la photosynthèse. Pour François Reeves, « l'arbre est le frère de l'homme ». De fait, sans l'apport massif en oxygène de l'ensemble des espèces végétales depuis des millions, voire des milliards d'années, l'atmosphère ne contiendrait pas suffisamment d'oxygène pour maintenir notre espèce en vie.

---

5.   François Reeves, *Planète cœur. Santé cardiaque et environnement,* Montréal, Éditions Multimondes et Éditions du CHU Sainte-Justine, 2011.

On oublie souvent aussi que ce sont ces mêmes organismes vivants qui, en se décomposant sur des centaines
de millions d'années, ont formé les sols qui nous permettent aujourd'hui de nous nourrir. Ce sont eux qui filtrent
notre eau, qui produisent notre air, qui règlent notre climat et qui rendent la vie sur terre possible pour nous.
Nous dépendons d'une multitude de systèmes naturels
qui maintiennent la vie et, pourtant, nous continuons de
considérer la nature comme une « chose » extérieure, une
réserve de ressources à exploiter. Un peu comme si nous
utilisions un violon pour alimenter un feu plutôt que
pour faire de la musique. La nature est un orchestre sym-
phonique. Nous y voyons un amas de bois et de ferraille.

L'apparition de la vie sur terre il y a 3,8 milliards d'années demeure un mystère, un miracle. La vie est apparue
dans les océans et a peu à peu créé notre atmosphère en
retirant de l'air le carbone qui s'y trouvait et qui se trouve
aujourd'hui enfoui sous les continents et les océans. Ce
même carbone que nous puisons aujourd'hui sous forme
de combustibles fossiles et que nous relâchons dans
l'atmosphère, brisant ainsi un équilibre millénaire.

Représentons l'histoire de la Terre par une année
complète. La cloche sonne le nouvel an : c'est la naissance
de la Terre, il y a 4,5 milliards d'années. Il faut attendre la
fin du mois de février pour que les premières manifestations de la vie fassent leur apparition. Cela est arrivé il y a
3,8 milliards d'années. Vers la première semaine de juillet
apparaît le premier organisme complexe unicellulaire
(1,8 milliard d'années). Au début du mois d'août, les
algues se répandent dans les océans (1,4 milliard d'années). Dans la troisième semaine de novembre se produit

l'explosion cambrienne (500 millions d'années), puis au début de décembre surgit le premier arbre (300 millions d'années). À la mi-décembre naissent les dinosaures, puis, une demi-heure avant la fin de l'année, arrive l'être humain (200 000 ans). Trois minutes avant la fin de l'année, nous inventons l'agriculture, puis, trois secondes avant que l'horloge ne sonne la nouvelle année, débute l'ère industrielle.

C'est au cours de ces trois secondes que se joue l'avenir de notre espèce et de la vie sur terre telle que nous la connaissons.

Dans ses conférences, David Suzuki invite les gens à imaginer à quoi ressemblait le monde lorsque l'espèce humaine y est apparue. Nous sommes nés dans les plaines d'Afrique. Il est difficile d'imaginer l'abondance et la diversité du vivant à l'époque où nous côtoyions des espèces aujourd'hui disparues comme les tigres géants ou les mastodontes. Au milieu de cette vie grouillante, qui aurait pu prédire, comme le dit Suzuki, qu'une « poignée de singes sans poils et nus » allaient un jour dominer la terre ? Nous n'étions ni les plus forts ni les plus rapides. Nous n'étions pas les plus nombreux. Et pourtant, nous avons évolué et sommes devenus l'espèce dominante sur terre. Notre arme secrète était un organe d'un peu plus d'un kilo caché dans notre crâne : le cerveau.

Deux cent mille ans plus tard, nous sommes devenus capables de transformer les caractéristiques physiques, biologiques et biochimiques fondamentales de la planète. David Suzuki affirme que nous sommes devenus une force de la nature, au même titre que les tremblements de terre, les volcans ou les ouragans. L'histoire s'est accélérée depuis l'époque où nous avons domestiqué l'énergie des combustibles fossiles qui nous a permis d'accroître notre capacité de transformer le monde qui nous entoure. La population humaine a été multipliée par sept en à peine plus de deux cents ans. Alors que 97 % des êtres humains habitaient la campagne en 1800, la majorité d'entre eux sont maintenant établis dans des villes[6]. En 2030, 60 % de la population mondiale vivra en ville[7]. On compte aujourd'hui 83 villes de plus d'un million d'habitants dans le monde et plus de 21 villes de plus de dix millions d'habitants[8]. Notre rapport à l'environnement s'est profondément altéré, notre consommation de ressources s'est accrue de manière exponentielle.

Bienvenue dans l'anthropocène, l'ère géologique de l'être humain.

En 2000, Paul Crutzen, chercheur néerlandais en chimie de l'atmosphère et Prix Nobel de chimie en 1995, s'est dit d'avis que nous amorcions une nouvelle ère géologique dans laquelle les êtres humains sont la force domi-

---

6.   Pablo Gutman, « Ecosystem Services : Foundations for a New Rural-Urban Compact », *Ecological Economics*, vol. 62, n°s 2-3 (2007), p. 383.

7.   United Nations Department of Economic and Social Affairs, Population Division, en ligne : www.un.org/esa/population/ publications/WUP2005/2005wup.htm (consulté le 10 février 2012).

8.   Population Reference Bureau, en ligne : www.prb.org/Educators/TeachersGuides/HumanPopulation/Urbanization.aspx (consulté le 10 février 2012).

nante. Que ce soit en perturbant le cycle du carbone ou de l'azote, en réduisant l'apport en sédiments par des ouvrages sur des rivières, en faisant fondre les glaciers et l'Arctique ou en faisant disparaître massivement les forêts, l'activité humaine modifie les caractéristiques géophysiques de la planète. Crutzen a proposé d'appeler cette nouvelle période « anthropocène », ou ère de l'Homme[9]. Cette période succède à l'holocène, marqué par une grande stabilité qui a permis à notre espèce de se développer pendant dix mille ans.

Il est difficile d'accepter que l'activité humaine puisse laisser une empreinte indélébile sur la planète à l'échelle du temps géologique. Pourtant, la liste des changements provoqués par l'homme et mesurables sur le plan géologique est longue et de mieux en mieux documentée scientifiquement. Étant donné l'accumulation des preuves concernant l'existence de l'anthropocène, le magazine *The Economist* en a fait sa page couverture et fourni un dossier complet en mai 2011[10].

Le magazine a dressé la liste des impacts observables et documentés de l'être humain sur les cycles géologiques. Par exemple, la mine de Syncrude, dans les sables bitumineux de l'Athabasca, déplace à elle seule trente milliards de tonnes de terre, soit deux fois la quantité annuelle de sédiments s'écoulant de toutes les rivières du monde. Le

---

9.   P. J. Crutzen et E. F. Stoermer, « The "Anthropocene" », *Global Change Newsletter,* n⁰ 41 (2000), p. 17-18.

10. « Welcome to the Anthropocene », *The Economist,* 26 mai 2011.

chantier des sables bitumineux, le plus grand chantier industriel au monde, est visible de l'espace.

Dans le monde, les quelque cinquante mille barrages servant à produire de l'électricité ou à régulariser le débit des cours d'eau ont ramené la quantité de sédiments transportés par les rivières et les fleuves du monde à un cinquième de ce qu'elle était il y a seulement cinquante ans. Il en résulte que l'apport en sédiments dans les grands deltas de la planète, où vivent plus de cent millions de personnes, ne compense plus l'érosion, ce qui a pour effet de les faire graduellement disparaître.

Le cycle du carbone, comme nous l'avons vu au chapitre précédent, est lui aussi directement affecté par l'activité humaine. Si les émissions de GES continuent de croître sans contrôle, les concentrations de CO_2 dans l'atmosphère demeureront élevées pendant au moins un millénaire, une échelle de temps que nos sociétés modernes, ancrées dans l'immédiat, ont du mal à se représenter.

L'impact de l'activité humaine sur le cycle de l'azote est moins connu, bien que ce cycle joue un rôle fondamental dans l'équilibre des systèmes naturels sur terre. Le cycle de l'azote est le processus par lequel les systèmes naturels fixent dans les sols et les océans l'azote présent dans l'atmosphère et l'utilisent pour nourrir une multitude d'espèces vivantes. Par son activité, l'humanité a ajouté aux processus naturels des processus artificiels qui font s'accroître la quantité d'azote fixée dans les sols de plus de 150 % par rapport au cycle naturel.

La grande majorité de cet apport nouveau vient de la production massive d'engrais azotés ayant pour but d'améliorer les rendements agricoles de façon à nourrir une population croissante. Près de 40 % des protéines ingérées par l'humanité aujourd'hui proviennent de cet apport nouveau en azote. Paradoxalement, le remplacement des cycles naturels par cet apport constant d'engrais azoté entraîne un appauvrissement graduel des sols par suite d'un usage trop intensif. Ainsi, on utilise une quantité toujours plus grande d'engrais dans une fuite en avant qui met en péril la productivité future de nos sols. Le surplus en azote est également problématique pour les cours d'eau de la planète qui ont pour la plupart des zones mortes, la surabondance d'azote ayant mené à une prolifération d'algues qui absorbent tout l'oxygène présent dans le milieu et font disparaître toute autre forme de vie.

Comme l'apprenti-sorcier, nous n'avons toujours pas compris ou maîtrisé notre force nouvelle et nous continuons d'interagir avec la nature comme nous le faisions il y a un siècle à peine, époque où notre rapport de force avec la nature était totalement différent. Pour *The Economist*, « les humains ont modifié la façon dont le monde fonctionne. Maintenant, ils doivent aussi changer leur façon de penser[11] ». Le magazine soutient que l'anthropocène est une découverte scientifique équivalente à la révolution copernicienne, qui a établi que la Terre tournait autour du Soleil et non l'inverse. L'anthropocène signifie que l'être humain n'est plus un spectateur des changements géologiques mais en est devenu un moteur fondamental. Ceci transforme entièrement notre rapport à la

---

11. *Ibid.*

planète et est appelé à révolutionner notre vision du monde. Le défi de l'anthropocène est de mettre l'ingéniosité humaine au service de cette nouvelle vision du monde.

Par suite de l'activité humaine, la sixième extinction massive d'espèces de l'histoire de la planète s'est amorcée[12]. Selon certaines estimations, plus de la moitié des espèces vivantes pourraient disparaître au cours du présent siècle, soit autant sinon plus que durant la dernière extinction massive, celle du crétacé, qui a vu disparaître 50 % de la vie sur terre, et en particulier les dinosaures, il y a 65 millions d'années. Cette extinction aurait été causée par l'écrasement d'un météorite géant là où se trouve aujourd'hui la péninsule du Yucatan. L'impact aurait soulevé suffisamment de poussière pour cacher la lumière du soleil et ainsi provoquer l'extinction de nombreux végétaux et animaux.

D'autres extinctions massives se sont produites dans l'histoire de la planète : celle du permien il y a 250 millions d'années, qui a vu 95 % de la vie marine et 70 % de la vie terrestre disparaître, celle du dévonien il y a 365 millions d'années, qui a anéanti 70 % des espèces, celle de l'ordovicien-silurien il y a 435 millions d'années, puis celle du cambrien, 500 millions d'années avant notre ère. La sixième extinction massive est en cours. Elle est comparable en ampleur à celles qui l'ont précédée. Mais pour la première fois, l'élément déclencheur n'est pas une colli-

---

12. « World's Sixth Mass Extinction May Be Underway: Study », *The Independent*, 7 mars 2011.

sion cosmique ou un cataclysme géoclimatique, mais l'activité d'une seule espèce. Une espèce parmi des millions.

Selon des recherches récentes, la terre compterait 11 millions d'espèces, dont seulement 1,9 million ont été recensées[13]. Nous ne connaissons qu'une partie de la diversité de la vie sur terre, mais l'activité humaine contribue à la disparition d'un nombre croissant de ces espèces. On estime que plusieurs dizaines de milliers d'entre elles disparaissent irréversiblement chaque année.

Les causes de ces disparitions sont multiples. La destruction ou la fragmentation des habitats est la plus importante, suivie de l'introduction d'espèces envahissantes dans des écosystèmes où elles étaient jusque-là absentes, de la chasse et de la surpêche. Les changements climatiques accélèrent la disparition de plusieurs espèces en modifiant les conditions climatiques à un rythme qui dépasse la capacité d'adaptation des espèces et en permettant à des espèces envahissantes d'occuper de nouveaux territoires.

La déforestation joue un rôle de premier plan dans la diminution de la biodiversité de notre planète. Selon l'Agence des Nations Unies pour l'agriculture et l'alimentation, plus de 13 millions d'hectares de forêts sont coupés annuellement, soit la superficie de l'Angleterre[14]. Ces coupes ont principalement pour but de permettre le défrichement de nouvelles terres devant servir à la culture ou à l'élevage.

---

13. Toni O'Loughlin, « Number of Earth's Species Known to Scientists Rises to 1.9 Million », *The Guardian,* 29 septembre 2009.

14. FAO, *Évaluation des ressources forestières mondiales,* Rome, FAO, 2010.

Les forêts primaires, c'est-à-dire les forêts à l'état naturel qui ont été peu perturbées par l'homme et qui sont des trésors de biodiversité, sont en voie de disparition. La forêt boréale canadienne est l'une des plus grandes forêts primaires encore existantes sur la planète, et le Québec renferme la plus grande superficie encore intacte de cette forêt. Comme beaucoup d'autres forêts, la forêt boréale canadienne subit d'importantes pressions liées au développement industriel et minier.

La situation des océans est encore plus préoccupante. Dans un éditorial publié en juillet 2011, le *New York Times* affirmait : « On ne peut exagérer l'importance des océans pour l'équilibre écologique de la planète[15]. » Cet éditorial faisait suite à la publication d'un rapport conjoint du Programme international sur l'état des océans et de l'Union mondiale pour la nature[16]. Le rapport arrivait à la conclusion que les océans se dégradent à un rythme plus rapide que prévu, compromettant l'équilibre même de la vie marine.

Selon les auteurs, l'ensemble des océans de la planète agissent comme un gigantesque système circulatoire qui accomplit de nombreuses fonctions vitales rendant la Terre habitable. Ils ajoutent : « Actuellement, l'océan se trouve dans un état de santé critique. S'il continue de

---

15. « A Look Into the Ocean's Future », éditorial du *New York Times*, 15 juillet 2011.

16. A. D. Rogers et D. d'A. Laffoley, « International Earth System Expert Workshop on Ocean Stresses and Impacts », Summary Workshop Report, IPSO Oxford, 2011. En ligne : http://cmsdata. iucn.org/downloads/ipso_workshop_report_june_2011.pdf

décliner, il atteindra un point où il ne pourra plus fonctionner efficacement, et notre planète sera incapable de maintenir les écosystèmes qui soutiennent l'humanité[17]. » La vie sur terre est apparue dans les océans. Ceux-ci détiennent aujourd'hui la clé de notre survie.

Plusieurs facteurs contribuent à l'accélération catastrophique de la dégradation des océans. Le premier coupable, encore une fois, est le changement climatique, responsable d'un réchauffement des océans à l'échelle planétaire. L'accumulation de GES dans l'atmosphère est à l'origine d'une acidification des océans. Les océans sont le plus important puits de carbone sur terre, ils absorbent à eux seuls plus du quart des émissions annuelles de GES. Comme le CO_2, le principal gaz à effet de serre, est acide, son absorption en quantités gigantesques par les océans a pour effet de les acidifier.

Le réchauffement et l'acidification nuisent à la chaîne alimentaire des océans. Ils affectent directement de nombreux organismes qui se trouvent au bas de cette chaîne, les mollusques et les coraux notamment. Le krill, sorte de petite crevette vivant entre autres dans les eaux de l'Antarctique et constituant la base de la chaîne alimentaire dans cette région, aurait décliné de 80 % à certains endroits depuis vingt ans par suite du réchauffement des océans[18]. Le krill est l'une des espèces les plus abondantes sur terre, avec une biomasse totale de 500 millions de

17. Source : State of the Ocean, en ligne : www.stateoftheocean. org/ (consulté le 10 février 2012).

18. Brian Handwerk, « Penguin Numbers Plummeting: Whales Partly to Blame? », *National Geographic Daily News,* 11 avril 2011.

tonnes[19]. L'effondrement d'une espèce si abondante menacerait directement l'équilibre de l'ensemble des océans.

La surpêche scandaleuse qui persiste dans le monde est un autre facteur de dégradation des écosystèmes des océans. Comme c'est le cas pour l'atmosphère, l'accès aux océans est gratuit et illimité, il n'est soumis à aucun contrôle international digne de ce nom. Dans ce Far West maritime, chaque joueur s'empresse d'extraire le maximum avant que d'autres ne le fassent à sa place. C'est ainsi que les océans se sont peuplés de bateaux usines qui raclent les fonds marins avec des filets de plusieurs kilomètres de long, laissant derrière eux des déserts océaniques. Les flottes de pêche capturent au passage des espèces n'ayant aucune valeur commerciale. Celles-ci sont simplement rejetées à la mer. Plusieurs espèces en voie d'extinction continuent d'être pêchées, comme si on tenait à prendre le dernier poisson. Les subventions massives accordées aux industries des pêches en Europe et au Japon contribuent à perpétuer une pêche industrielle dont les effets sont comparables aux pires coupes à blanc dans les forêts.

À cela s'ajoute la pollution due à l'usage massif d'engrais azotés dans l'agriculture industrielle. Elle crée des zones anoxiques, c'est-à-dire des zones mortes, sans oxygène, dans les océans. On dénombrait 405 zones mortes dans le monde en 2008, comparativement à 49 dans les

19. Source : Australian Antarctic Division, en ligne : www.antarctica.gov.au/about-antarctica/fact-files/animals/krill (consulté le 10 février 2011).

années 1960[20]. On retrouve ces zones partout sur la planète, notamment à l'embouchure du Mississippi, dans le Saint-Laurent, sur la côte est des États-Unis, en Europe et en Asie. La superficie de ces zones mortes varie de quelques kilomètres carrés à plusieurs milliers de kilomètres carrés. La plus grande jamais recensée mesurait 70 000 kilomètres carrés[21].

D'autres types de pollutions chimiques ainsi que l'accumulation de plastique complètent ce tableau peu reluisant de l'état des océans. Une « île de plastique » d'une superficie de 700 000 à 1,5 million de kilomètres carrés a été découverte dans le Pacifique Sud, à un endroit où les courants marins concentrent les débris de plastique provenant de toutes les parties du monde[22]. Il y a également une île de plastique dans l'Atlantique Nord, mais sa superficie est nettement plus petite, avec un diamètre de quelques centaines de kilomètres.

Ce qui inquiète le plus les scientifiques qui étudient l'état des océans est la combinaison de trois facteurs : le réchauffement, l'acidification et l'hypoxie, qui ont été à l'origine de toutes les extinctions massives survenues dans les océans depuis l'apparition de la vie sur terre. Les scientifiques estiment qu'il y a de forts risques que les océans entrent dans une phase d'extinction massive sans précé-

---

20. David Biello, « Oceanic Dead Zones Continue to Spread », *Scientific American,* 15 août 2008.

21. John Roach, « Gulf of Mexico "Dead Zone" Is Size of New Jersey », *National Geographic News,* 25 mai 2005.

22. « Tracking Plastic in the Ocean », *Earth Magazine,* 24 janvier 2012.

dent dans l'histoire humaine. L'un des auteurs du rapport, Alex Rogers, de l'université Oxford, a résumé la situation par une phrase qui a fait le tour de la planète : « Si les océans s'effondrent, la partie est terminée[23]. »

Les océans recouvrent plus de 70 % de la superficie de la terre, renferment une biodiversité extraordinairement riche et soutiennent de diverses manières la vie terrestre. Nous ne pouvons tout simplement pas nous permettre d'assister impuissants à la suppression de la base de la vie. Les intérêts économiques qui travaillent à la destruction des océans menacent l'avenir même de notre espèce et de millions d'autres.

L'environnementaliste Paul Hawken a bien résumé les problèmes fondamentaux de notre économie dans un discours célèbre prononcé à l'Université de Portland en 2009 : « Nous pillons l'avenir, le vendons au présent, et appelons cela le PIB. » Hawken ajoute : « Vous pouvez imprimer de l'argent pour renflouer une banque, mais vous ne pouvez pas imprimer la vie pour renflouer une planète[24]. » Et c'est justement ce qui est le plus alarmant : le caractère irréversible de l'effondrement des ressources, qu'il s'agisse des océans, des forêts ou du climat. Nous transformons la vie en billets de banque. Il est impossible de faire l'inverse. Nous sommes sur une voie à sens unique, sans retour en arrière possible.

Dans ses discours, David Suzuki répète inlassable-

---

23. Source : State of the Ocean.

24. Paul Hawken, « Commencement: Healing or Stealing? », University of Portland, 2009, en ligne : www.up.edu/commencement/default.aspx?cid=9456

ment que l'économie de marché ne tient pas compte des coûts sociaux et environnementaux et qu'elle appauvrit les générations futures. L'économie de marché telle que nous la connaissons obère l'avenir à un rythme affolant. Pour Suzuki, l'économie doit impérativement respecter les limites de la biosphère. Il rappelle à chacune de ses conférences que les termes *écologie* et *économie* ont la même racine grecque qui signifie « maison ». *Écologie* et *économie* signifient respectivement « étude de la maison » et « gestion de la maison ». La première doit nécessaire-ment informer la seconde. Mais c'est l'inverse qui se pro-duit. L'économie a préséance sur l'écologie.

Pour Suzuki, il existe une différence fondamen-tale entre les lois de l'économie et celles de la nature. Les premières sont des créations humaines, alors que les secondes, la physique, la chimie, la biologie, sont immuables. Aussi, si l'économie telle que nous la connais-sons entraîne un effondrement des systèmes naturels qui soutiennent la vie sur terre, il est impératif de la remettre en question. Contrairement aux lois naturelles, les lois de l'économie ont été créées par nous. Nous avons donc le pouvoir de les changer. Pourtant, en cette ère de libéra-lisme et de mondialisation, nous avons élevé l'économie au rang de loi naturelle, immuable. C'est ainsi que nous acceptons de fonctionner dans un cadre qui fait totale-ment abstraction des systèmes naturels qui alimentent l'économie. L'économie moderne s'accorde mal avec les lois naturelles qui régissent la vie sur terre. Il lui faut être en harmonie avec ces dernières, sinon elle est un château suspendu au-dessus du vide.

Le problème fondamental de notre économie est

qu'elle amène une croissance exponentielle dans un système fermé, la biosphère. Une économie qui maintient une croissance de 3 % double en trente-cinq ans. À 5 %, elle double en quatorze ans seulement. C'est ainsi que le PIB mondial a été multiplié par plus de dix depuis 1950 et par deux depuis 1999[25]. Avec une telle expansion, notre économie se heurte aux limites naturelles de la biosphère, le système dans lequel elle évolue. C'est ce qui explique l'épuisement graduel des ressources naturelles renouvelables et non renouvelables. Dans sa croissance, afin d'enrichir une population qui croît également de manière exponentielle, notre économie extrait et transforme une quantité croissante de ressources. Nous approchons rapidement du point où la raréfaction des ressources deviendra le principal frein au développement économique. Un système ne peut croître indéfiniment à l'intérieur d'un autre système qui, lui, est fermé. La biosphère renferme donc les limites de notre croissance. La biosphère est comme une cloche de verre posée sur notre civilisation et dont nous heurtons maintenant les parois.

Faut-il alors nous diriger vers une décroissance globale ? La chose est probablement impossible tant que la population mondiale continuera de croître et que des milliards de personnes vivront dans l'indigence. Il faut cependant réinventer notre idée de la croissance. La solution passe nécessairement par l'introduction de systèmes de production en boucle fermée qui extraient le moins de

---

25. Source : The World Economy, 1950-2001, en ligne : www.ggdc.net/maddison/other_books/new_HS-7.pdf, et Banque mondiale.

ressources possible en réutilisant les ressources existantes. On doit également mesurer la croissance en termes qualitatifs plutôt qu'en termes uniquement quantitatifs. La croissance doit être liée à la qualité de vie humaine et au maintien des systèmes naturels qui soutiennent la vie.

Il faut également réfléchir à la redistribution de la richesse et en faire un des fondements de la croissance. La réponse de l'économie libérale à la question de la pauvreté repose sur l'analogie de la tarte : en accroissant le diamètre d'une tarte, chacun peut obtenir une part plus grande, même si certains en acquièrent une part disproportionnée. Cette idée est fondée sur la possibilité d'une croissance infinie de la tarte. Puisqu'une telle croissance est impossible à l'intérieur du cadre de la biosphère, il faut nécessairement redistribuer les parts. La seule façon de subvenir aux besoins de tous sera de redistribuer les fruits de la croissance plus équitablement à l'échelle mondiale. Le mythe de la tarte vole en éclats.

Penser la croissance sans envisager la distribution de ses fruits est une absurdité. Suzuki affirme souvent que la croissance n'est rien d'autre que la description de l'évolution d'un système. À l'échelle humaine, la croissance ne peut être une fin en soi, elle n'est rien d'autre qu'un moyen. Malheureusement notre économie a inversé l'équation et fait aujourd'hui de la croissance une fin, et des êtres humains un moyen pour atteindre cette fin. Nous nous sommes asservis à la croissance économique. Il faut inverser l'équation et remettre la croissance au service des humains.

Une autre des failles de l'économie de marché dénoncées par David Suzuki est le phénomène des externalités.

Une externalité est un coût ou un bénéfice qui n'est pas comptabilisé dans les transactions économiques et donc qui n'existe pas pour les acteurs économiques. La pollution de l'air est l'exemple d'externalité le plus souvent mentionné. Les impacts de la pollution de l'air sur le climat et la santé humaine ne sont pas comptabilisés dans le prix des combustibles fossiles : il s'agit d'une externalité. Il en va de même pour la pollution de l'eau et des océans, la déforestation ou la perte de biodiversité. Ce sont des externalités, des dommages collatéraux de notre système économique.

À l'inverse, les bénéfices tirés du bon fonctionnement des écosystèmes sont aussi des externalités. Un arbre debout n'a aucune valeur dans notre économie, même s'il produit de l'oxygène, absorbe le gaz carbonique et contribue à la régulation de notre climat. Un milieu humide à l'état naturel n'a aucune valeur. Une fois remblayé et transformé en centre commercial, il acquiert une valeur foncière significative. Pourtant les milieux humides filtrent l'eau, préviennent les inondations et produisent une quantité de biomasse considérable. La même chose vaut pour tous les écosystèmes à l'état naturel : tout ce qu'ils produisent est une externalité.

« L'essentiel est invisible pour les yeux », dit le Petit Prince. Dans un monde où les copeaux de bois ont plus de valeur qu'un arbre vivant, l'essentiel est non seulement invisible, il n'apparaît que lorsqu'il a été détruit. C'est ce qui fait de la nature un gigantesque dépotoir gratuit ou un réservoir de ressources.

Une nouvelle approche économique vise à internaliser les coûts et les bénéfices environnementaux en attri-

buant une valeur économique aux biens et services produits par les écosystèmes. Il ne s'agit pas de faire de la
nature une marchandise négociée sur le marché, mais
plutôt de rendre visibles ces biens et ces services naturels,
de manière à ce que leur valeur ne soit plus considérée
comme nulle. Cela permet de justifier des investissements
dans la protection des milieux naturels. Cela ouvre également la porte à l'introduction de mesures telle la taxe sur
le carbone qui permettent de corriger les externalités les
plus criantes en mettant un prix sur la pollution ou sur la
destruction de milieux naturels.

La nature produit un large éventail de biens et de services écosystémiques qui peuvent être classés en quatre
grandes catégories : les services d'approvisionnement, les
services de régulation, les services culturels et les services
de maintien de la vie sur terre. Les services d'approvisionnement incluent la production d'eau potable, d'air,
de nourriture et de ressources génétiques. Les services de
régulation comprennent la protection contre les désastres
naturels, la pollinisation, la régulation du climat par la
séquestration du carbone et le cycle de l'eau, et la filtration
des polluants. Les services de maintien incluent la formation des sols, le cycle des nutriments, celui du carbone et
la photosynthèse. Quant aux services culturels, ils comprennent les bénéfices spirituels, récréatifs, culturels,
esthétiques, scientifiques et pédagogiques. C'est donc une
multitude de biens et services naturels qui contribuent à
maintenir notre qualité de vie et notre économie. Le
maintien de ces flux de services est essentiel à la préservation de la qualité de vie sur terre.

Le projet TEEB (The Economics of Ecosystems and

Biodiversity) lancé par le G8 en 2007 et placé sous l'égide du Programme des Nations Unies pour l'environnement avait pour but de dresser l'état des connaissances sur la valeur des biens et services produits par les écosystèmes. Le rapport TEEB publié en 2010 conclut que la réduction de moitié de la déforestation dans le monde d'ici 2030 permettrait d'éviter des dommages liés aux changements climatiques d'une valeur de 3,7 trillions de dollars. Le rapport affirme également que la surpêche dans le monde coûte 50 milliards de dollars par année en perte de revenus pour l'industrie des pêches en raison du déclin de la plupart des ressources halieutiques commerciales[26].

Le cas des abeilles et des autres insectes pollinisateurs mérite qu'on s'y arrête. Ils contribuent à la production de près de 40 % de l'alimentation mondiale. À l'échelle globale, la valeur du service de pollinisation des colonies d'abeilles sauvages atteint 217 milliards de dollars US (153 milliards d'euros), ce qui représente environ 10 % de la valeur de la production agricole mondiale[27]. Le déclin accéléré des colonies d'abeilles dans le monde est préoccupant, car c'est un des services essentiels de la nature qui est en jeu. À court terme, la productivité de l'agriculture est affectée, particulièrement en Europe et en Amérique

---

26. TEEB, « L'Économie des écosystèmes et de la biodiversité. Intégration de l'économie de la nature. Une synthèse de l'approche, des conclusions et des recommandations de la TEEB », 2010, p. 11, en ligne : www.teebweb.org/LinkClick.aspx?fileticket=G_6CIN8 acpg%3d&tabid=1278&mid=2357

27. *Ibid.*

du Nord où les colonies sont fortement en déclin. À long terme, c'est une partie importante de la production agricole dans le monde qui est menacée.

Les causes du déclin des insectes pollinisateurs sont encore mal comprises, mais les scientifiques ont identifié plusieurs facteurs qui contribuent à rendre les abeilles plus vulnérables. La perte de biodiversité, la diminution de la diversité des sources d'alimentation, les changements climatiques, la croissance des superficies sous monoculture et l'augmentation des agents pathogènes sont pointés du doigt. L'essentiel de la réponse réside probablement dans l'expansion de la monoculture industrielle qui diminue la biodiversité nécessaire aux abeilles et introduit des produits chimiques qui affectent leur système immunitaire. Certains ont également mis en cause les cultures génétiquement modifiées.

Ainsi, l'intensification de l'agriculture, qui a permis d'augmenter les rendements en substituant des processus industriels à des processus naturels, amène le déclin des services naturels qui la soutiennent. La valeur inestimable des services de pollinisation a fait dire à un scientifique que les abeilles étaient des billets de cinquante dollars avec des ailes. L'incapacité de notre économie à prendre en compte les bénéfices que représente le maintien des colonies d'abeilles se traduit par le fait que personne n'est prêt à payer pour assurer leur protection. Pourtant, l'investissement de quelques dizaines de millions de dollars dans la protection des abeilles permettrait de maintenir un service d'une valeur annuelle de plus de 200 milliards de dollars et serait hautement rentable. La principale faiblesse de notre économie de marché réside dans le fait qu'elle est incapable de comprendre la valeur de ces investissements en conservation.

Certaines entités, comme la Ville de New York, ont compris l'importance et la valeur des services naturels offerts par les écosystèmes. Depuis 1830, la ville puise son eau dans le bassin versant des Catskills situé au nord. New York n'a jamais construit d'usine de filtration d'eau pour approvisionner les millions de citadins qui sont reliés à son système d'aqueduc. Elle a plutôt fait le choix de protéger le bassin versant des Catskills. Cette eau de grande qualité l'a souvent emporté sur des marques commerciales d'eau de source dans des tests de goût à l'aveugle.

Au début des années 1990, entrevoyant la perspective de devoir construire une usine de filtration dont la construction coûterait 6 milliards de dollars et l'opération 250 millions de dollars par année, la Ville de New York a choisi de mettre en place un programme d'économie d'eau potable de 500 millions de dollars ainsi qu'un ambitieux programme de protection du bassin versant des Catskills de 1,5 milliard de dollars. Cette approche révolutionnaire a permis à New York d'économiser plusieurs milliards de dollars en continuant d'assurer l'approvisionnement d'une eau filtrée naturellement qui satisfait aux plus hauts standards[28].

Comme le bassin des Catskills est occupé à 90 % par l'agriculture, la Ville a établi un programme de paiements pour services écologiques qui rémunère les agriculteurs pour la mise en place et le maintien de pratiques agricoles

---

28. *Ibid.*, p. 25.

qui protègent le bassin versant. Il peut s'agir de préserver des boisés qui ne sont pas en production, de reboiser certaines zones, de limiter l'usage d'engrais ou de pesticides ou d'autres pratiques qui limitent les effets de l'agriculture sur les systèmes de filtration naturels assurant l'approvisionnement de New York en eau potable. Le cas des Catskills est souvent cité comme exemple des avantages financiers et environnementaux qui peuvent découler de la prise en compte de la valeur des systèmes naturels dans l'économie.

De manière générale, une meilleure compréhension de la valeur de ces services naturels peut favoriser les investissements rentables dans la conservation et éviter les coûts considérables résultant de leur effondrement du fait de la destruction des milieux naturels. Le rapport TEEB estime que les coûts de la destruction de l'environnement atteignent entre 2 000 et 4 500 milliards de dollars annuellement[29]. Se fondant sur la valeur des services fournis par la nature, le rapport TEEB conclut que le retour sur l'investissement des mesures de protection des écosystèmes naturels est de cent pour un[30]. En d'autres termes, chaque dollar investi dans la protection des écosystèmes naturels et des services qui s'y rattachent peut potentiellement rapporter cent fois sa valeur en biens et services écologiques. Le rapport TEEB a démontré hors de tout doute que la

---

29. Fiona Harvey, « Annual Cost of Lost Nature Put at $4,500 bn. », *Financial Times*, 20 octobre 2010.

30. Judith D. Schwartz, « Should We Put a Dollar Value on Nature? », *Time Magazine*, 6 mars 2010.

protection de la biodiversité est non pas une dépense, mais plutôt un investissement.

À l'inverse, toute destruction des systèmes naturels qui nous fournissent les biens et services essentiels à notre qualité de vie a pour effet de nous appauvrir et d'appauvrir les générations qui viendront après nous. C'est ainsi que la question de l'endettement écologique se pose. L'ensemble des écosystèmes existants constituent notre capital naturel, et les biens et services écosystémiques sont les intérêts produits par ce capital. Tant que nous alimentons notre économie avec les intérêts, nous préservons le capital devant servir aux prochaines générations. Si par contre nous extrayons plus de ressources et puisons dans notre capital écologique, nous nous trouvons dans ce cas à dilapider le capital, de sorte que nos enfants et nos petits-enfants verront diminuer les flux de services écologiques nécessaires à leur développement. Nous créons alors une dette écologique.

À l'échelle globale, nous accumulons une dette de ce genre depuis les années 1970. Selon le Global Footprint Network, nous prélevons chaque année des ressources qui excèdent la capacité de renouvellement de la biosphère. Autrement dit, nous dépensons plus que les revenus tirés de la nature. Pour 2011, l'organisme a fixé la date à partir de laquelle nous commençons à puiser dans le capital naturel pour maintenir notre niveau de consommation au 27 septembre[31]. En 2000, cette date était en novembre.

---

31. Source : Global Footprint Network, en ligne www.footprint network.org/en/index.php/GFN/page/earth_overshoot_day/ (consulté le 10 février 2012).

Notre consommation galopante a ajouté plus d'un mois par année d'endettement écologique en à peine une décennie.

Le Global Footprint Network estime que nous consommons globalement des ressources équivalant à la production de 1,2 à 1,5 Terre. En 2010, un rapport du WWF a mis en évidence l'écart de consommation de ressources entre pays riches et pays pauvres. L'empreinte écologique de l'Américain moyen équivaut à 4,5 planètes. Celle d'un Indien équivaut à la moitié d'une planète[32]. Ces données révèlent une iniquité profonde dans la répartition des ressources de la planète. L'injustice ne frappe pas uniquement les générations à venir. Elle est également flagrante au sein de la présente génération, puisqu'une minorité accapare le plus gros des ressources de la planète au détriment des populations les plus pauvres.

Dans le *Manifeste pour un Québec durable* que j'ai écrit en 2007 avec un groupe d'universitaires, je dénonçais cet endettement écologique qui « revient à brûler les planches de notre maison pour la chauffer[33] ». Le *Manifeste* proposait d'établir un système de mesure du capital naturel qui serait intégré à la mesure du PIB. Il est insensé de ne pas prendre en compte dans le calcul de notre croissance économique l'appauvrissement de notre stock de ressources

---

32. WWF, *Living Planet Report 2010: Biodiversity, Biocapacity and Development*, p. 36, en ligne : http://awsassets.panda.org/downloads/wwf_lpr2010_lr_en.pdf

33. Collectif, *Manifeste pour un Québec durable*, 11 avril 2007, en ligne : www.unisfera.org/IMG/pdf/Manifeste_pour_un_Quebec_durable_-_FINAL_rev1.pdf

naturelles et la diminution des flux de biens et services écologiques qui assurent notre prospérité et notre qualité de vie. Le *Manifeste* concluait par cet appel : « Notre devenir économique, social et culturel est lié à celui des écosystèmes qui nous entourent. Si par le passé nous avons été les défricheurs de cet environnement, il est temps d'en devenir les gardiens. Il nous appartient à tous d'assumer cette responsabilité individuelle et collective qui garantira notre richesse et notre bien-être maintenant et dans le futur[34]. »

L'endettement financier et écologique est devenu le talon d'Achille de notre civilisation. Nous savons déjà que les dettes publiques de pays comme la Grèce menacent le système financier international. Des pays comme le Japon et, dans une moindre mesure, les États-Unis subissent les effets économiques à long terme d'un endettement public qui menace la qualité de vie des prochaines générations.

Mais le problème est encore plus profond. L'économie du Canada a connu une croissance de 136 % entre 1990 et 2008[35]. Pendant la même période, l'endettement moyen des ménages s'est accru de 76 %, passant de 56 800 $ à 100 000 $, ce qui représente 150 % du revenu disponible en 2008[36]. En 1990, les ménages canadiens épargnaient 13 % de leurs revenus nets. Ils n'épargnent plus que 4,2 % aujourd'hui[37]. De là à dire que notre éco-

---

34. *Ibid.*

35. Source : Statistique Canada.

36. « La dette moyenne des ménages canadiens correspond à 150 % de leur revenu », La Presse canadienne, 17 février 2011.

37. *Ibid.*

nomie fonctionne en grande partie à crédit, il n'y a qu'un pas que l'on peut aisément franchir.

Mais où donc sont allés les fruits de la croissance, si les gouvernements et les ménages sont aujourd'hui plus endettés qu'avant malgré une croissance économique de 60 % ? Une étude réalisée aux États-Unis par l'Economic Policy Institute démontre que 80 % de la nouvelle richesse créée entre 1983 et 2009 est allée aux 5 % des Américains les plus riches. Le 1 % des Américains les plus riches a accaparé 40 % de la richesse créée pendant cette période. Soixante pour cent des habitants des États-Unis ont vu leur richesse diminuer collectivement de 7,5 % au cours de la même période[38]. Pire encore : selon le Census Bureau des États-Unis, le salaire médian était de 47 715 $ en 2010. En 1972, il était de : 47 550 $[39]. En quarante ans, le travailleur américain moyen ne s'est pas enrichi alors que le PIB a été multiplié par 2,7[40].

Bref, nous nous endettons toujours plus pour soutenir une consommation qui génère une croissance économique qui profite à une faible minorité de la population et qui maintient la majorité ainsi que les générations à venir dans la pauvreté. Le mythe de la croissance qui enrichit l'ensemble de la société est rudement mis à l'épreuve.

---

38. Lawrence Mishel et Josh Bivens, « Occupy Wall Streeters Are Right about Skewed Economic Rewards in the United States », EPI Briefing Paper #331, Economic Policy Institute, 26 octobre 2011. p. 12, en ligne : www.epi.org/files/2011/BriefingPaper331.pdf

39. Sabrina Tavernise, « Soaring Poverty Casts Spotlight on "Lost Decade" », *The New York Times,* 13 septembre 2011.

40. Source : www.data360.org (consulté le 10 février 2012).

Alors que la tarte grossit sans arrêt, la part de chacun demeure la même, et il faut travailler encore plus fort pour l'obtenir. La croissance économique telle que nous l'envisageons depuis les trois dernières décennies nous appauvrit. Il est temps de remettre les pendules à l'heure.

David Suzuki affirme avec raison que la croissance n'est pas un objectif mais plutôt la description de l'évolution d'un système. Or, la croissance constitue un dogme depuis plusieurs décennies. Dans un article publié en septembre 2011, les économistes Tim Jackson de l'Université de Surrey au Royaume-Uni et Peter Victor de l'Université York à Toronto estiment que nous avons tort de faire de la croissance l'objectif premier des politiques publiques. Ils affirment que l'économie mondiale a presque quintuplé en un demi-siècle et que, si elle continue de croître au même rythme, elle sera quatre-vingts fois plus grande d'ici 2100. Ils vont même jusqu'à dire ceci : « La prospérité pour quelques-uns, fondée sur la destruction écologique et l'injustice sociale persistante, ne peut être le fondement d'une société civilisée. L'époque où nous dépensons de l'argent que nous n'avons pas pour des choses dont nous n'avons pas besoin pour impressionner des gens que nous ne connaissons pas est révolue[41]. » D'après les auteurs, il nous faut revenir à des objectifs qui renforcent la qualité de vie en assurant une bonne nutrition, des logements décents, des services de bonne qualité,

---

41. Tim Jackson et Peter Victor, « Prosperity Without Growth Is Possible », *Vancouver Sun*, 19 septembre 2011. Transparence totale : Peter Victor siège au conseil d'administration de la Fondation David Suzuki.

des communautés stables, des emplois sûrs et un environnement sain.

Jackson et Victor remettent en question le matéria-
lisme comme fondement de l'économie : « Quel que soit
l'avenir, une chose est claire : le changement est inévitable.
[…] Ceux qui espèrent que la croissance de l'économie va
conduire à une utopie matérialiste seront déçus. Nous
n'avons tout simplement pas la capacité écologique de
réaliser ce rêve[42]. » D'après eux, d'ici la fin du siècle, cette
vision laissera à nos enfants et petits-enfants un climat
hostile et une planète inhospitalière, des pénuries alimen-
taires, des migrations et presque inévitablement la guerre.
Il ne nous reste donc à leur avis qu'un seul véritable choix,
celui de travailler pour le changement, de transformer les
structures et les institutions qui façonnent nos sociétés.
Nous devons abandonner la pensée à court terme qui
imprègne notre société depuis des décennies et la remplacer par une vision plus crédible d'une prospérité durable
pour tous.

Dans ses conférences, David Suzuki a souvent recours
à une métaphore pour expliquer à son auditoire le problème de la croissance exponentielle dans un système
fermé. Il dit ceci : Prenons une éprouvette, insérons-y une
bactérie qui a la faculté de se multiplier par deux à chaque
minute. Il y a au départ suffisamment de nourriture dans
l'éprouvette pour entretenir un cycle de soixante minutes.
Après une minute, il y a deux bactéries, après deux
minutes, il y en a quatre, après trois minutes, huit, etc. Au

---

42. *Ibid.*

bout de soixante minutes, le tube est plein. Quand le tube est-il à moitié plein ? La réponse est : à la 59ᵉ minute. Les bactéries doublent ensuite pour occuper tout le tube. À 58 minutes le tube n'est occupé qu'à 25 % par les bactéries. À la 57ᵉ minute il n'est occupé qu'à 12,5 %.

Un scientifique arrive à la 57ᵉ minute et sonne l'alarme : "Il ne nous reste que trois minutes à vivre !" Les autres bactéries le regardent et disent : "Êtes-vous tombé sur la tête ? Il reste encore amplement de ressources pour tous." Puis deux minutes passent et, peu après la 59ᵉ minute, les bactéries se rendent compte qu'elles n'ont plus que quelques secondes à vivre. Elles créent donc une cellule d'urgence qui parvient à construire trois autres tubes qui leur permettront de continuer à vivre.

À la 61ᵉ minute, le deuxième tube est plein. À la 62ᵉ, les quatre tubes sont pleins. Les bactéries ont continué de doubler leur utilisation des ressources. Trois tubes supplémentaires ne leur ont procuré que deux minutes de plus. »

David Suzuki raconte que tous les scientifiques à qui il a parlé lui disent que nous avons passé la 59ᵉ minute. Notre planète est notre éprouvette, et il nous est évidemment impossible de créer de nouvelles planètes avec leurs ressources naturelles et leurs écosystèmes. Ne reste plus qu'une solution : cesser d'extraire toujours plus de ressources d'une biosphère qui est en train de s'effondrer et qui nous emportera bientôt avec elle.

Le défi est de taille. Seule une véritable révolution économique, sociale et écologique peut assurer notre survie au-delà du présent siècle. Nous sommes entrés dans une nouvelle ère géologique. Pour la première fois, notre espèce est maîtresse de son environnement. Nous sommes assis dans le siège du pilote, mais nous refusons de voir les instruments de vol, les lumières et les cadrans du tableau de bord. Nous volons à tombeau ouvert, les yeux fermés. L'avion pique du nez.

Il y a de l'espoir cependant, et pour David Suzuki cet espoir vient de ce qui nous distingue des autres espèces : notre capacité de prévoir. Les autres espèces ne connaissent que le présent et le passé, donc ce qui est immédiatement observable ou ce qui est inscrit dans leur mémoire. Le futur n'existe pas pour elles. L'être humain, par sa capacité inégalée de réfléchir, a la possibilité de prévoir l'avenir. Il est donc capable de le façonner.

Devant le défi immense que représente la réforme de notre civilisation, Suzuki place son dernier espoir dans notre cerveau, cet organe unique dans la nature qui nous a permis de sortir de la savane et devenir en moins de deux cent mille ans une force de la nature. C'est ce même cerveau qui doit maintenant assurer notre survie en inventant l'avenir.

CONCLUSION

Faire tomber le mur de l'indifférence

La table est mise pour un rendez-vous qui sera déterminant pour l'avenir de l'humanité. Nous devons inventer
l'avenir et redécouvrir la relation de notre espèce avec la
biosphère. L'industrialisation a permis à l'être humain de
s'émanciper des contraintes naturelles qui avaient condi-
tionné son développement depuis des dizaines de milliers
d'années. Cela l'a amené à croire qu'il pouvait régner sur
la biosphère alors qu'en réalité il en est totalement dépen-
dant. Il a domestiqué la nature, mais il n'a pas appris à
faire un bon usage de sa propre force.

Marx croyait que le moteur de l'histoire était la lutte
des classes. Le moteur de l'histoire est plutôt le rapport de
notre espèce à son environnement. Nous avons d'abord
été de petits groupes de chasseurs-cueilleurs pendant plus
de 100 000 ans. Nous avons ensuite inventé l'agriculture
il y a 20 000 ans et créé la civilisation, puis nous avons
découvert les combustibles fossiles et ce fut la révolution
industrielle, il y a 250 ans. À chaque étape, nos rapports
environnementaux et sociaux ont été transformés. Nous

nous heurtons maintenant aux limites de la biosphère, comme un poisson trop gros dans un trop petit bocal. Nous sommes ou bien à l'aube d'une révolution dans notre rapport à la nature, ou bien au crépuscule de notre espèce. L'histoire ne prendra pas fin avec le communisme, elle risque plutôt de prendre fin par notre disparition.

Pour paraphraser André Malraux, le XXIe siècle sera écologique ou ne sera pas. Tous les signes vitaux de la biosphère indiquent que les systèmes naturels qui soutiennent la vie comme nous la connaissons sur terre sont soit en déclin, soit en voie de s'effondrer. On aurait tort de croire que le déclin de ces systèmes naturels est linéaire. Il peut s'amorcer graduellement et être prévisible dans ses premiers stades. Cependant, passé certains seuils, l'effondrement peut être instantané et irréversible.

Par analogie, pensons un instant à une maison dont on retire des planches, une à une. Le déclin observable de la maison sera graduel jusqu'à ce que la structure elle-même en vienne à être attaquée. La maison s'effondrera comme un château de cartes après le retrait d'une seule planche. Une fois que l'écroulement commence, il ne peut être arrêté. Nous avons commencé à compromettre la structure même de la biosphère et son effondrement s'accélérera de manière exponentielle durant ce siècle. Le présent siècle est celui de la fameuse 59e minute de l'éprouvette.

Les êtres humains vivant actuellement sur terre appartiennent à la dernière génération qui a encore le pouvoir d'inverser la tendance actuelle au dérèglement irrémédiable du climat, à l'effondrement des océans et à la disparition de plus de 50 % des espèces vivantes. Cette responsabilité nous incombe, que nous souhaitions ou non l'assumer. L'histoire nous jugera sur notre capacité à nous élever au-dessus de nos propres intérêts pour défendre ceux des générations futures.

La génération de mes grands-parents a été appelée la grande génération. C'est cette génération, née dans les années 1920, qui a grandi dans la Grande Dépression, qui, peu après cette période de pauvreté absolue, a dû se sacrifier pour gagner la Seconde Guerre mondiale et qui a pu jouir par la suite des libertés qui sont les nôtres. C'est également cette génération, née dans le monde rural traditionnel, qui a connu le passage vers la modernité et la vie en ville. C'est cette génération, enfin, qui a travaillé pour obtenir un meilleur contrat social et nous donner les trente glorieuses, trente années de prospérité et de progrès social inégalés, entre 1945 et 1975.

Que laisserons-nous, baby-boomers, X et Y, derrière nous?

J'appartiens à la fin de la génération X. Je suis de la génération de Rio. J'ai grandi dans la peur d'une guerre nucléaire, dans l'Amérique de Reagan. J'ai vu la chute du mur de Berlin et de l'URSS. J'ai ressenti, à vingt ans, le vent d'espoir porté par le sommet de Rio. Ce vent d'espoir est probablement ce qui s'est rapproché le plus de l'esprit de Woodstock et de Mai 68 dans ma génération. L'idée que changer le monde est à la fois nécessaire et possible. Ce vent de changement et d'espoir vit encore, mais il a été mis à mal par vingt années de transformations sociales, économiques et politiques qui ont ébranlé la vision élaborée à Rio.

Les vingt dernières années ont vu des changements sans précédent se produire en un temps record. La mondialisation s'est déployée tous azimuts, portée par un libéralisme économique qui a imposé ses diktats sur la planète entière. La Chine et l'Inde ont émergé comme puissances mondiales, permettant à plusieurs indices de développement de faire des bonds spectaculaires à l'échelle planétaire. Internet est apparu et a permis l'explosion d'une société civile transnationale. Les attentats du 11 septembre 2001 ont empêché la mondialisation de se démocratiser et provoqué un recul des droits humains, l'insécurité à l'échelle mondiale et un retour au militarisme avec des guerres ruineuses qui ont dévasté l'Afghanistan et l'Irak. La crise financière de 2008 a ébranlé les colonnes de l'économie de marché et mis en lumière les dérives du libéralisme économique.

L'ampleur des changements technologiques, sociaux et économiques que nous avons observés au cours des deux dernières décennies est tout simplement spectaculaire. Le moment unique qui a permis de bâtir la vision de Rio s'est perdu dans ces transformations globales. En 1992, un vent d'optimisme balayait la planète et permettait d'envisager une économie globale durable. En 2012, vingt ans plus tard, on ne peut que constater que cette vision n'a pu s'imposer face aux intérêts économiques et financiers. Ceux-ci se sont emparé de l'espace public, ont appauvri la démocratie pour soutenir l'idée d'une croissance infinie, favoriser la surconsommation à crédit et l'appauvrissement de tous au bénéfice d'une minorité. Des intérêts, surtout, qui sont parvenus à nous convaincre que la nature et les êtres humains ne sont que des facteurs de production dont la fonction est d'assurer la croissance économique.

Une génération a été perdue depuis le premier sommet de Rio. La biosphère a commencé à donner des signes évidents de décadence. Le climat mondial change à un rythme qui se mesure en décennies plutôt qu'en siècles ou en millénaires. Les océans sont entrés dans un déclin qui fait craindre leur effondrement complet. L'océan Arctique sera libre de glace d'ici quelques années. La sixième extinction massive d'espèces de l'histoire de la planète s'est confirmée sous nos yeux, et l'on désigne sous le nom d'anthropocène la nouvelle ère géologique marquée par les transformations que nous faisons subir à notre planète. Et pendant que tous les signaux d'alarme s'allument simultanément, nos institutions sont enfoncées dans une invraisemblable paralysie.

Il existe un antidote à cette paralysie, et il est dans les mains de chacun de nous.

L'engagement citoyen est notre planche de salut.

Les sept voix présentées dans ce livre sont comme le Tarrou de Camus. Elles affrontent la peste, et leur engagement nous incite à nous mettre à l'œuvre à notre tour. Elles ont su me convaincre de m'engager et d'ajouter ma voix à celles qui défendent la vie et l'humanisme sur notre planète. Plus encore : elles nous permettent de croire qu'il est possible de changer le monde par notre engagement. C'est par cet engagement que nous pouvons redécouvrir notre humanité commune. Dans *L'Homme révolté*, Camus affirme : « Je me révolte, donc nous sommes », puisqu'à travers son engagement la personne affirme son appartenance à la communauté humaine.

Camus va encore plus loin dans cet ouvrage, affirmant que « l'homme est la seule créature qui refuse d'être ce qu'elle est. La question est de savoir si ce refus ne peut l'amener qu'à la destruction des autres et de lui-même ». Cette phrase qui fait allusion au traumatisme de la Seconde Guerre mondiale me semble tout à fait appropriée pour décrire notre incapacité à nous percevoir comme une espèce animale dépendante de la biosphère et à agir comme tel. Nous sommes l'espèce la plus intelligente de la création, et pourtant cette espèce a perdu conscience de ce qu'elle est.

Il ne suffit plus de changer les ampoules. Il nous faut changer nos valeurs, notre conception de l'économie et nos lois. Il nous faut reconstruire une démocratie qui a été confisquée par les groupes d'intérêts et les lobbys. Il nous faut édifier l'avenir sur le citoyen. Car notre planche de salut est une révolution des valeurs accomplie par les citoyens. En cette 59ᵉ minute, c'est seulement par un soulèvement des consciences que l'avenir pourra être préservé.

Un coup d'œil sur l'histoire nous permet de voir que les grands changements sociaux ont été amenés par des mouvements citoyens. Il s'agit qu'un citoyen se lève pour que d'autres le suivent. Le 1ᵉʳ décembre 1955, à Montgomery, dans l'Alabama, Rosa Parks refusa de céder sa place à un Blanc dans un autobus. Plusieurs y voient le début du mouvement pour les droits civiques. À Tiananmen, en 1989, un homme a bloqué à lui seul une colonne de tanks qui s'avançait vers des manifestants pacifiques. Une personne ne peut changer le monde à elle seule. Mais lorsque le temps est venu, une seule personne peut être l'étincelle qui déclenche une révolution. Des milliers d'autres lui emboîtent le pas.

Mohamed Ali a résumé le tout en deux mots : « `
We. » Moi, Nous.

Le mur de Berlin est tombé lorsqu'un nombre suffisamment grand de personnes en Hongrie, en Allemagne de l'Est, en Pologne et en Tchécoslovaquie ont d'une seule voix crié : « Assez ! » Nous pouvons nous inspirer des grands mouvements inclusifs créés par Gandhi et Martin Luther King, qui ont réclamé la dignité pour des personnes dont les droits étaient bafoués.

Qui aujourd'hui va se lever pour proclamer que les générations à venir ont elles aussi des droits qui doivent être reconnus ? Sommes-nous à ce point obnubilés par le présent qu'il nous soit impossible de laisser ceux qui viendront après nous prendre part aux décisions qui les concernent ?

Voilà tout notre défi. Donner une voix, faire valoir les droits de personnes qui ne sont pas nées. La plupart des grands mouvements sociaux ont été amorcés par un groupe social défini : les Afro-Américains, les travailleurs, les jeunes, les femmes, les étudiants, une multitude de groupes ethniques. Le groupe social qui a le plus grand intérêt à engager un mouvement en faveur d'un développement qui préserve la biosphère est constitué de personnes qui n'existent pas.

Nous sommes la dernière génération. Celle qui doit impérativement leur donner la parole.

La course pour sauver notre espèce et la vie sur terre telle que nous l'avons connue est amorcée. Après les deux guerres mondiales et la hantise de la catastrophe nucléaire qui ont marqué le XXe siècle, nous savons que le XXIe siècle est celui où l'humanité est confrontée à sa propre capacité de détruire tous les systèmes naturels qui maintiennent la vie sur terre. Une destruction implacable, silencieuse.

Notre prise de conscience se heurte au scepticisme et à l'indifférence de bon nombre de personnes. Après tout, nous annonçons bien depuis quarante ans des catastrophes, des famines et la destruction de notre monde sans que notre mode de vie ait été trop affecté. Il est facile de se conforter dans l'idée que ces catastrophes pourront être évitées. Les Cassandre ne sont jamais écoutées.

Dans *La Peste*, les citoyens refusent également de croire à ce qui leur arrive. Camus fait dire au docteur Rieux : « On croit difficilement aux fléaux lorsqu'ils vous tombent sur la tête. […] Le fléau n'est pas à la mesure de l'homme, on se dit donc que le fléau est irréel, c'est un mauvais rêve qui va passer. » Camus dénonce dans *La Peste* le scepticisme profond dont les habitants d'Oran ne peuvent se défaire. Chez nous aussi, le scepticisme est présent. Et comme à Oran, le doute est suffisamment puissant pour nous empêcher de répondre comme nous le devrions.

Mais dans *La Peste*, au moins, le scepticisme n'était pas alimenté par des intérêts puissants indifférents au bien commun. La réalité les rattrapera bientôt et l'heure viendra où ceux qui ont orchestré la campagne des climato-sceptiques devront rendre des comptes. Quand les sceptiques réaliseront les conséquences des changements climatiques, leur dernier refuge sera certainement de dire qu'il s'agissait de la volonté de Dieu. Et ils auront alors réussi à enrôler Dieu lui-même dans leur déni. Pour ces gens qui ont érigé le mensonge et la calomnie en système, le réveil sera brutal, mais ils seront parvenus à convaincre l'humanité entière qu'elle devait risquer son avenir pour servir leurs intérêts. Ils auront mis leur espèce en péril pour s'approprier une richesse qui aurait dû appartenir à des dizaines de générations après eux. Dans leur folie destructrice, ils auront consumé la planète.

« Le mal qui est dans le monde vient presque toujours de l'ignorance. » Cette phrase de *La Peste* souligne la nécessité d'aller à la rencontre de nos concitoyens pour leur exposer la réalité et faire appel à leurs valeurs. Car j'ai la ferme conviction que la clé de notre avenir réside dans cette éducation citoyenne sur laquelle Laure Waridel et notre groupe d'étudiants idéalistes fondions nos espoirs il y a vingt ans.

La chute du mur de Berlin nous a peut-être évité une catastrophe nucléaire. Nous devons maintenant faire tomber un autre mur : celui de l'indifférence. Ce mur ne sépare pas l'Est et l'Ouest. Il sépare le présent de l'avenir. Il sépare notre génération de celles qui viendront après nous. Ce mur invisible doit être abattu en chacun de nous. Chacun de nous est une brique de ce mur invisible.

Il nous faut retrouver le sens de l'indignation, la capacité de nous élever devant l'injustice. Reprendre l'espace qui a été dérobé au citoyen. L'érosion de la démocratie, l'appauvrissement collectif et la destruction des écosystèmes de la planète forment un tout. Partout le pouvoir des citoyens s'effrite, leur endettement augmente. Les lobbys ont pris le contrôle de nos institutions. Le cynisme ambiant, compréhensible, leur facilite la tâche et contribue à notre asservissement.

Nous devons fonder un nouveau mouvement d'objecteurs de conscience et recourir au besoin à la désobéissance civile. L'objection de conscience est le refus d'accomplir certains actes allant à l'encontre de convictions morales ou religieuses. La désobéissance civile est le refus de se soumettre à une loi, à un règlement, à une organisation ou à un pouvoir jugé inique. Des objecteurs de conscience ont refusé de prendre les armes, de payer des impôts ou de mettre leur force de travail au service de l'effort de guerre. Des mouvements de désobéissance civile pacifique ont mis un terme à des dictatures. Il est temps de refuser le cycle de l'endettement et de la surconsommation, la dictature de la croissance et tout acte qui mène à la disparition de la vie sur terre. Que nos motifs soient religieux ou moraux, nous voulons tous léguer à nos enfants un monde qui leur permette de s'épanouir.

Je me déclare objecteur de conscience. Je m'objecte au pillage des ressources qui devraient appartenir aux générations futures et qui servent à enrichir une minorité de personnes. Je considère qu'il est immoral d'épuiser ces ressources et de mettre en danger les fondements même de la vie sur terre pour soutenir une économie qui nous a tous enfermés dans un cycle infernal de consommation et d'endettement. Je ne reconnais pas les décisions et les lois des gouvernements qui ont pour unique but de profiter à des intérêts particuliers au détriment des intérêts collectifs. Je m'engage à dénoncer le mensonge, le cynisme et la malhonnêteté qui ont pollué nos échanges démocratiques. J'opposerai désormais la force de ma voix aux forces qui mettent la survie de notre espèce et de millions d'autres en péril. Je me déclare désormais au service des générations à venir pour que leurs droits soient reconnus.

Le temps est venu de donner une voix aux générations futures.

Un mouvement est en marche, et parions qu'il prendra de l'ampleur. Les consciences se sont éveillées au cours des vingt dernières années. Mais cette prise de conscience collective n'a pas encore l'ampleur qu'il faudrait pour que notre développement puisse être recentré sur l'être humain et la biosphère, plutôt que sur la croissance et le profit. Mais il ne faut pas perdre espoir pour autant. Le changement est rarement linéaire. Il se construit dans l'ombre, silencieusement, puis éclate au grand jour lorsque le temps est venu. Le changement se produit souvent au terme d'une période sombre, alors même qu'il paraît impossible.

En cinq semaines, en 1989, le rideau de fer, en place depuis plus de quarante ans, est tombé comme un château de cartes. Combien de temps nous faudra-t-il pour abattre le mur de l'indifférence ? Les exemples abondent de mouvements qui couvent avant de se révéler comme une force de changement irrésistible. Dans *Les Gens de mon pays*, Gilles Vigneault compare un peuple qui se lève à la débâcle au printemps. Celle-ci commence par une mince cassure, laquelle peut se produire à tout moment.

Je regarde mes enfants dormir le soir et me rappelle mon incapacité, lorsque j'étais enfant, à comprendre que les adultes puissent faire exploser trente fois la planète par leur folie destructrice. Comment expliquer à mes enfants que nous détruisons par des millions de gestes la biosphère et l'infinie beauté de la vie, eux qui continuent à s'émerveiller devant les fleurs, les oiseaux migrateurs, le bruit des feuilles ? Comment leur expliquer ?

Il y a trente ans, Luc Plamondon a écrit un hymne à la beauté du monde, interprété par Diane Dufresne, qui m'avait bouleversé à l'époque. Ces paroles résonnent maintenant autant pour mes enfants que pour moi : « Ne tuons pas la beauté du monde / Faisons de la terre un grand jardin / Pour ceux qui viendront après nous. »

Aujourd'hui je n'ai pas composé. Je me suis levé et j'ai pris la parole. Et en moi j'ai pu entendre la voix de millions de personnes dont la destinée dépend de nous.

Table des matières

CRÉDITS ET REMERCIEMENTS

Les Éditions du Boréal reconnaissent l'aide financière du gouvernement
du Canada par l'entremise du Fonds du livre du Canada (FLC)
pour leurs activités d'édition et remercient le Conseil des Arts
du Canada pour son soutien financier.

Les Éditions du Boréal sont inscrites au Programme d'aide aux entreprises
du livre et de l'édition spécialisée de la SODEC et bénéficient du Programme
de crédit d'impôt pour l'édition de livres du gouvernement du Québec.

EXTRAIT DU CATALOGUE

Ce livre a été imprimé sur du papier 100 % postconsommation,
traité sans chlore, certifié ÉcoLogo
et fabriqué dans une usine fonctionnant au biogaz.

MISE EN PAGES ET TYPOGRAPHIE :
LES ÉDITIONS DU BORÉAL

ACHEVÉ D'IMPRIMER EN AVRIL 2012
SUR LES PRESSES DE MARQUIS IMPRIMEUR
À CAP-SAINT-IGNACE (QUÉBEC).